山西文化记忆 学生版

探寻之旅

丛书主编 吴素荣

丛书副主编 张永昌 程惠萍

山西出版传媒集团 山西教育出版社

·太原·

图书在版编目（CIP）数据

探寻之旅 / 吴素荣主编. -- 太原 : 山西教育出版社, 2024. 9. --（山西文化记忆 : 学生版）. -- ISBN 978-7-5703-4238-9

Ⅰ. G127.25-49

中国国家版本馆CIP数据核字第20249CM035号

探寻之旅

TANXUN ZHI LǙ

选题策划　马　宏　狄晓敏
责任编辑　狄晓敏
复　　审　马　宏
终　　审　李梦燕
装帧设计　陈　晓
插　　画　薛　菲
印装监制　蔡　洁
出版发行　山西出版传媒集团 · 山西教育出版社
（太原市水西门街馒头巷7号　电话：0351-4729801　邮编：030002）
印　　装　山西新华印业有限公司
开　　本　787 × 1092　1/16
印　　张　7.25
字　　数　100千字
版　　次　2024年10月第1版　2024年10月山西第1次印刷
书　　号　ISBN 978-7-5703-4238-9
定　　价　38.00元

“山西文化记忆”丛书　学生版

角色介绍

老山

身份： 博士。

性格： 和蔼，亲和力强，喜欢讲故事。

擅长： 从文学、历史、地理等方面解读山西。

小西

身份： 小学生。

性格： 调皮、可爱，喜欢搞怪，也喜欢钻研。

爱好： 旅游、探险。

时空机

身份： 老山的交通工具，也是他的法宝。

超能力： 可作为普通交通工具，载着老山、小西游览大好河山，也可穿越时空，回到古代。

缺点： 偶发机械故障。

引子

大家好！我是来自山西的小学生小西。

如果你是一名爱旅游、爱冒险、爱刺激，嘴还有点馋的小学生，结识我就对了。我可以带你走遍山西的一座又一座高山，吃遍山西的一种又一种美食。对了，同行的还有一位大博士——老山爷爷，我俩性格非常相似，一次偶然相遇，我俩成了忘年交。老山爷爷知识渊博，总是在我有点迷惑的时候，用他一肚子的历史文化知识点拨我，让我徜徉在历史文化的长河中，近距离地感受中华文明的点点滴滴。

悄悄告诉你，老山爷爷有件法宝——时空机，那可是我俩在一次探险中偶然得到的，别小看这件法宝，只要输入准确的时间和地点，时空机就会顷刻间带你到达，可神奇啦！不过偶尔也会出点小状况，读完书你就知道了。时空机穿越到古代，我们还可以和历史人物近距离对话呢，不过这个功能爷爷不常用，他怕我搞乱历史进程。大多时候，时空机就是我们的一个普通的交通工具，爷爷驾驶时空机带我走南闯北。

“五千年华夏文明看山西”，这两年爷爷带着我“游遍了”32个首批“山西文化记忆”项目，这些项目有世界上最大的黄色瀑布，有崔嵬壮观的云冈石窟，有清凉圣境五台山，有雄伟庄严的唐代木构建筑佛光寺，有彰显忠义精神的解州关帝庙，有悬在绝壁之上的悬空寺，有天下九塞之首的雁门关，还有古老的洪洞大槐树……

小朋友们，怎么样？翻开书，随我开启一场山西的神奇之旅吧。

目 录

礼赞壶口瀑布

壶口瀑布：世界最大的黄色瀑布，以“天下黄河一壶收”的气势，成为中华民族不屈不挠、自强进取的精神象征，激励着一代又一代中华儿女披荆斩棘、踔厉奋发、笃志前行，是音乐史诗《黄河大合唱》的灵感之源。

穿越吧——我们去哪儿

小西： 爷爷，今天咱们要去哪里啊？我都期待很久啦！

老山： 咱们今天要去的地方是山西和陕西共有的旅游景区，是黄河上的一处壮丽景观，被誉为“黄河第一瀑”，号称“黄色奇观”，是我国仅次于贵州黄果树瀑布的第二大瀑布。

小西： 爷爷，我知道了，咱们今天要去的地方是山西壶口瀑布。

老山： “壶口瀑布”还是第四套人民币面值50元的背面主景呢！

小西： 哇！现在发行的是第五套人民币，我赶紧上网看看第四套人民币。

老山： 壶口瀑布是我国黄河干流上唯一的大瀑布，是人们向往的一处旅游景点，古今中外每一个到了壶口瀑布的人都会心潮澎湃，豪情迸发。今天，我们的任务就是穿越到壶口瀑布，探秘几千年来，中华儿女为何总会在壶口瀑布留下礼赞。

小西： 爷爷，我们赶紧出发吧，我已经迫不及待啦。

文化名片

壶口瀑布东临山西省临汾市吉县壶口镇，西临陕西省延安市宜川县壶口镇，为两省共有的旅游景区，是国家5A级旅游景区，也是国家重点风景名胜区、国家水利风景区、国家地质公园和地质遗迹保护区。这里山势雄伟，气势浩大，黄河河道舒展蜿蜒，水势汹涌，气势磅礴。

挑战吧——我们来了

礼赞壶口瀑布

- 走近壶口瀑布
- 走进壶口瀑布
- 礼赞壶口瀑布

走近壶口瀑布

小西： 爷爷，我想知道，壶口瀑布为什么取名“壶口”呢？

老山： 小西，你找机会看看中国地图，黄河发源于青藏高原巴颜喀拉山北麓的约古宗列盆地，自西向东流经青海、四川、甘肃、宁夏等9个省（自治区），流经内蒙古自治区托克托县河口镇时，由于受到吕梁山脉的阻挡，折向南流进入著名的晋陕大峡谷。数百米宽的水面流到龙王辿（chān）时，由于受到河床走势的影响，滔滔河水水面骤然收敛为50余米宽，倾泻在落差30多米的石槽中，看起来就像从茶壶中往外倒水，故形象地称为“壶口瀑布”，拥有“千里黄河一壶收”的气概。

小西： 原来如此，“壶口”这个名字太形象啦。

老山： 这里还有许多有趣的民间传说呢。传说，在壶口瀑布不远处有一座山叫盘古山，开天辟地的盘古就曾在这里卜婚。还有一个传说就是大禹治水“三过家门而不入”，他的妻子化成了壶口瀑布附近美丽的睡女峰。

小贴士

卜婚是合婚的原始形式。据中国古代传说，卜婚始于伏羲、女娲。

小西： 那大禹治水是不是和壶口瀑布也有关呢？

老山： 据《水经注》记载，“禹治水，壶口始”，这说明壶口瀑布是大禹治水的重要地点。传说在远古时代，黄河在壶口一带被孟门山阻挡，致使洪水泛滥。为了解决这个问题，大禹采取了疏导的方法，劈开孟门山，疏通河道。大禹在壶口完成了关键的治水工作，使得壶口成为黄河的一个重要关口，形成了今天我们所看到的壶口瀑布。

老山指津

壶口瀑布，是一首隽永绵长的诗，一部博大精深的书；是黄河之魂，中华民族的精神象征。黄河的不朽精魂在这“壶”内蕴蓄，黄河的内在神韵在这“口”中喷涌。它以其独特的天然资源和文化内涵，在全国旅游景区中占有重要的一席之地。不到壶口，不知黄河，不知中国。

走进壶口瀑布

老山： 壶口瀑布不仅名字有意思，而且由于独特的地理环境形成了独有奇观。小西，我们来做个好玩儿的游戏吧，我给你呈现壶口瀑布四大奇观的图片，你根据图片试着给每一处景观起个名字，好吗？

小西： 爷爷，这可难不倒我！

老山： 小西，别高兴得太早了哦！每个名字里都藏有玄机，一会儿你给壶口瀑布的奇观起名字时，不仅要凸显此处景观最鲜明的特征，还要适当融入自己的想象，这样起的名字才能与景观相匹配，才更吸引人。

你先看这幅图，这是黄河入“壶口”处，湍流急下，激起的水雾，腾空而起。

“水底冒烟”

小西： 爷爷，我觉得这水雾好像从水底冒出的滚滚浓烟，就起名“水底冒烟”吧！

老山： 这个名字很形象！我们再来看下一个。壶口瀑布坠入深潭，冲击岩石发出的轰鸣声，如雷贯耳。

小西： “如雷贯耳……”爷爷，您觉得“水底响雷”这个名字怎么样？

老山： 不错，这正是壶口瀑布奇景之“谷涧起雷”。咱们再看下一张照片，此景是壶口瀑布最为壮观的，滔滔黄河水由300多米宽骤然收敛为50多米宽，倾泻在落差30多米的石槽中，直奔龙门。

“谷涧起雷”

小西： 哇！黄河水犹如群龙腾云，波涛汹涌，称它“群龙戏浪”太合适啦！

“群龙戏浪”

老山： 小西，你太牛了！

小西： 爷爷，最后一处奇景我听说过：每年秋末冬初，由于太阳逐渐远离北回归线，阳光斜射，壶口瀑布就会折射出巨大的彩虹。彩虹有时呈弧形从天际插入水中，有时呈通直的彩带横在水面，有时在浓烟腾雾中出现花团锦簇，五光十色，飘忽不定，所以人们称它为“彩虹通天”。

“彩虹通天”

老山： 小西真厉害！你起的名字好听又形象，听着这些有意思的名字，爷爷眼前仿佛浮现出了壶口瀑布的神奇景观。

小西： 爷爷，我发现一个奇妙的现象，我们脚下的黄河石岸上有断断续续的摩擦痕迹，这又是怎么回事呢？

老山： 小西，你不仅会思考，还很会观察。其实这是壶口的又一奇景。历史上的黄河水运非常繁忙，明清时期的商船都要通过黄河水运南下。但是到了壶口瀑布，由于壶口水势大而且湍急，龙槽又窄，货船无法通过。所以只能通过人拉纤把船拉出水面，沿山西一侧拉过龙槽再进入河中继续航行。艄公唱着船歌，纤夫们喊着号子，推、拉、牵、挽互相呼应，旱地行船场面非常壮观。

小西： “旱地行船”不愧是壶口瀑布的一个奇景。

老山指津

旱地行船不仅是一种交通方式，更是一种精神的象征，体现了黄河儿女不畏困难、奋力前行的精神。黄河壶口瀑布的旱地行船成为这片土地上独一无二的非物质文化遗产。今天人们怀念那段历史，礼赞旱地行船，就是想让黄河壶口瀑布成为我们坚守传统、传承文化的见证。

礼赞壶口瀑布

老山： 走近壶口，走进壶口，我们身临其境感受着壶口瀑布的磅礴气势和独特魅力。怪不得几千年来，无数文人墨客、才子哲人会以不同的方式礼赞这壮美的壶口瀑布。小西，你上网搜一搜，看看有哪些描写壶口瀑布的诗词？

小西： 描写壶口的诗作中，流传最广的是明朝惠世扬所作的《壶口》，还有清朝刘龙光的《咏壶口》。爷爷，我读给您听：

壶　口

源出昆仑衍大流，玉关九转一壶收。
双腾虬线直冲斗，三鼓鲸鳞敢负舟。
桃浪雨飞翻海市，松崖雷起倒蜃楼。
鳌头未可寻常钓，除是羽仙明月钩。

咏壶口

黄流滚滚入壶中，九折波澜此地雄。
禹治功成留缺陷，往来舟楫一时穷。

老山： 可以想象，那时瀑布边必定站着好多文人学士，壶口瀑布激发了他们的创作灵感，他们用诗词来礼赞自然的伟大、黄河的永恒。壶口瀑布就是黄河上跃动的灵魂，就是中华民族的文化符号。现在，爷爷让你听一首歌曲《黄河大合唱》。

小西： 这首歌的歌词慷慨激昂，听得我热血沸腾。

老山： 小西，你知道吗，《黄河大合唱》可以称为壶口瀑布边诞生的民族史诗。1937年7月，抗日战争全面爆发，中华民族到了最危险的时候。武汉沦陷后，诗人光未然从陕西宜川县的壶口附近东渡黄河，咆哮怒吼的瀑布，激发起他的创作冲动，一路上看到被日寇摧残的国土令他悲伤，抗战接连失利令他愤懑和不甘，但黄河波涛翻滚，瀑布声威震天，他感受到我们这个古老民族深藏的力量，船工与风浪的搏击和抗争更让他看到了坚毅不屈的精神……1939年1月，他创作了朗诵诗《黄河吟》，并在这年的除夕联欢会上朗诵此作，冼星海听其朗诵《黄河吟》，听其讲述黄河咆哮奔腾的壮观景象后非常兴奋。同年，在延安一座简陋的土窑里，冼星海抱病连续创作，完成了《黄河大合唱》的作曲。

小西： 太感动了！《黄河大合唱》就是我们中华民族的现代史诗！

老山： 是的，壶口瀑布边诞生的歌曲，给了所有人黄河般澎湃的力量，展现了昂扬、顽强和奋进的现代中国的民族精神。

汹涌澎湃的黄河

小西： 爷爷，听了您的介绍，我要用心再听一遍《黄河大合唱》……

老山： 滔滔黄河，奔涌向前。同样在现代文学的世界里，也流淌着许多精彩的壶口故事。著名散文家梁衡先生是山西霍州人，他曾写下了脍炙人口的《壶口瀑布》。小西，我们一起来朗读一段《壶口瀑布》吧。

> 黄河博大宽厚，柔中有刚；挟而不服，压而不弯；不平则呼，遇强则抗；死地必生，勇往直前。正像一个人，经了许多磨难便有了自己的个性；黄河被两岸的山、地下的石逼得忽上忽下、忽左忽右时，也就铸成了自己伟大的性格。这伟大只在冲过壶口的一刹那才闪现出来被我们看见。

小西： 爷爷，我知道了，黄河就是中华民族的脊梁，壶口就是中华民族的灵魂！每个中国人，都应该来壶口瀑布看看。此刻，面对壶口瀑布，我感慨万千。

拆盲盒吧——太多惊喜了

盲盒一：壶口瀑布真的会移动吗？

据地质学家考证，大约一二百万年前，壶口瀑布并不在现在的位置，而是在下游 65 千米处的龙门。龙门地区由于地壳运动岩层发生断裂，形成东西方向的断层，自北向南的黄河经过这一断层时，出现瀑布。河水经年累月地对河床进行切割侵蚀，使瀑布不断向上游退移，这种现象在地貌上被称为“溯源侵蚀”。据估计，在溯源侵蚀作用下，壶口瀑布每年以缓慢的速度向北移动。

盲盒二：跳进黄河到底能不能洗得清？

自古以来，一直流传着“跳进黄河也洗不清”的说法，就是说黄河水实在太浑浊了，但现在这种说法可能被打破了。据报道，壶口瀑布段的黄河水渐渐变清了。据悉，此处黄河水变清一方面是因为水流量减少，泥沙沉积，使河水变清；另一方面，是因为黄土高原地区百姓造林护林的环保意识增强了。

盲盒三：大禹治水竟然促进了国家的形成？

大禹治水的方法是改堵为疏，挖掘河道，使泛滥的河水东归大海。为了协调沿河各部落统一治水，禹在治水过程中打破了部落间原有的界限，重新划分了疆域。同时，禹还制定了土地和贡赋制度，完善了政权组织形式，社会组织管理能力得以增强，为国家的最终形成打下了基础。

展示吧——收获真不少

老山： 小西，我们的壶口瀑布之行即将结束，给爷爷说一说你的感受。

小西： 人们礼赞壶口，不仅礼赞它的壮美景色，更是礼赞一种精神，一种向上的力量！我打算和小伙伴从以下几个方面开展一次“礼赞壶口”的实践活动。

- **我是小诗人：** 结合自己的壶口之行感受，试着为壶口瀑布作一首诗。
- **我是朗读者：** 选取自己最感兴趣的描写壶口瀑布的作品，有感情地朗诵。
- **我是摄像师：** 将自己喜欢的壶口瀑布的一处或几处景观拍摄下来，并配上解说词。
- **我是小画家：** 根据自己的了解，把最感兴趣的壶口瀑布景观画下来，并试着讲出来。
- **我们来排练：** 和同学们一起学唱《黄河大合唱》中的一段或几段。

老山： 看来，你的壶口之行收获还真不少。留住文化记忆，讲好山西故事，抓紧行动吧！

探寻地中之国
——陶寺

陶寺遗址：迄今发现的史前时期东亚最早的都城之一，帝尧之都所在地，最早的“中国”。对探索华夏文明的形成和发展有着极为重要的实证意义，是中华文明探源工程中的重点遗址之一。

穿越吧——我们去哪儿

小西： 又要出发啦，爷爷，今天咱们去哪儿？快透露点信息给我吧。

老山： 小西，今天要去的这个地方可了不得，在山西省临汾市襄汾县，许多学者称那里为最早的“中国”。再看图片中的柱子，你能猜出它们的作用吗？知道咱们要去哪里了吗？

小西： 图片中的大柱子看起来奇奇怪怪的，这能有什么作用呢？爷爷，您就别卖关子了。

老山： 哈哈，你又着急了。咱们赶紧出发去襄汾陶寺遗址找答案吧。

文化名片

陶寺遗址位于山西省南部的襄汾县陶寺乡，地处汾河岸边、临汾盆地。从1978年首次发掘至今，陶寺遗址陆续发掘出城墙、宫殿区、仓储区和普通居民区等。陶寺遗址是迄今发现的史前时期东亚最早的都城之一，帝尧之都所在，也是最早的“中国”。陶寺遗址是百年中国考古的亮点，是夏王朝文明崛起的前奏，是华夏文明发展进程中一个非常重要的关键点，是探索中华文明起源的具有代表性的重要的遗址之一。

挑战吧——我们来了

探寻地中之国
——陶寺

- 有人类吗
- 是野人吗
- 是文明人呀

有人类吗

小西： 爷爷，从介绍看，这个陶寺遗址好像很厉害。

老山： 陶寺遗址是追寻我们的过去，探寻我们根源的重要遗存。它距今约4300年至3900年，大多数人对这里很陌生。你能想象到4000多年前的陶寺会是什么样子吗？

小西： 4000多年前？天哪，爷爷，那个时候有人类活动吗？

老山： 傻孩子，那个时候当然有人类活动了。要知道，我国境内目前已确认最早的古人类是距今约170万年的元谋人；距今约70万至20万年的北京人已能够直立行走；距今约3万年的山顶洞人已掌握钻孔和磨制石器的技术，还有距今约6000年的半坡人……因此，4000多年前的陶寺当然有人类活动了。

小西： 明白啦，爷爷。但是，我依然想象不到4000多年前的陶寺先民是什么样的。他们是不是追逐野兽猎食、风餐露宿、身裹皮毛的野人呀？

老山： 小西，你真是长大了，能实事求是地说出自己的疑问。有疑问才会有更多发现，让我们带着疑问走近陶寺先民的生活吧。

是野人吗

陶寺先民吃什么

老山： 考古队员从陶寺遗址的土壤取样检测结果中，发现了陶寺先民的饮食秘密：这些黄土中散落着植物种子——粟，它是陶寺遗址出现最多的植物颗粒遗存。说明当时陶寺先民最主要的食物来源就是粟，他们已经把粟作为日常的农作物进行种植，并且可能已经开始喝小米粥了。

小西，你见过粟没？知道我们常见的粮食作物有哪些吗？请读一读下面的资料，把图片、介绍与相关诗句连起来，最后再大声读一读这些诗句。

粟 原产于中国，俗称谷子、小米。山东、山西、陕西、河北、河南及东北三省种植较多。唐代以前，粟一直是中国北方民众的主食之一。

麦 通常专指小麦，俗称麦子。小麦作为中国重要的粮食作物，已有4000多年的栽培历史，北方人爱吃的面食就是用小麦加工的。

稻 俗称大米。中国是世界上水稻栽培历史最悠久的国家，6000多年前，河姆渡人就已驯化水稻。中国南方地区农田多以水田为主，粮食作物以种植水稻为主。

①

②

③

雉雊(zhì gòu)麦苗秀，蚕眠桑叶稀。
——唐·王维《渭川田家》

夜来南风起，小麦覆陇(fù lǒng)黄。
——唐·白居易《观刈麦》

梅子金黄杏子肥，麦花雪白菜花稀。
——宋·范成大《四时田园杂兴》(其二十五)

虽有数斗玉，不如一盘粟。
——唐·李白《书怀赠南陵常赞府》

春种一粒粟，秋收万颗子。
四海无闲田，农夫犹饿死。
——唐·李绅《悯农》(其一)

稻花香里说丰年，听取蛙声一片。
——宋·辛弃疾《西江月·夜行黄沙道中》

一畦(qí)春韭绿，十里稻花香。
——清·曹雪芹《菱荇鹅儿水》

喜看稻菽(shū)千重浪，遍地英雄下夕烟。
——毛泽东《七律·到韶山》

* 连线结果参考第28页

小西： 爷爷，真没想到，陶寺先民已经会种植小米了。他们会用什么器具煮小米粥呢？和我们用的锅一样吗？

老山： 这个问题问得好。陶寺先民使用的炊具确实和我们现在使用的不太一样。

陶鬲相当于我们现在的汤锅，但形状却与现在的汤锅大不相同。陶鬲的三条“大肥腿”里能装很多的汤汤水水，设计成这样，在生火加热时，能增大受热面积，可见4000多年前的先民有多聪慧。

用来切肉的石刀是“V”字形的，和我们现在使用的菜刀不一样。上面短一些的是手柄，可以握着推动下面的刀刃切肉。石刀和木俎配套使用，相当于我们现在的菜刀和案板。

小西： 陶寺先民的生活真是让我大开眼界。

小贴士

鬲：圆口，有三个中空的足，便于炊煮加热。

陶寺遗址出土的陶鬲（lì）

小贴士

俎：切肉或切菜时垫在下面的案板，也可作为祭祀（jì sì）时盛放祭品的器物。

陶寺遗址出土的木俎（zǔ）及俎上的猪骨、石刀

陶寺先民住在哪里

老山： 陶寺先民的生活有了基本保障，他们住的房屋会是什么样子？先看一看房屋遗迹复原图，这种房屋将近一半或者1/3深入地下，称为地穴或半地穴式房屋。这种半地穴式房屋遗迹在陶寺遗址中十分常见，可能是陶寺普通先民居住的场所。

小西，猜猜看，这种半地穴式房屋有哪些好处？下面的选项中，你可以选一种，也可以多选。

□ 半地穴式房屋冬暖夏凉，有利于防寒保暖，与现在的窑洞有异曲同工之处。

□ 房屋更坚固，能抵御野兽的侵袭。

□ 比起穴居房屋更加通风防潮。

小西： 我觉得这三个选项都有道理。

老山： 哈哈，这样的房屋确实更暖和、更安全。陶寺先民居住有固定场所，他们不仅从河流中取水，还会打水井。考古队员发现了大量的水井遗迹，甚至还发现了和水井样子相近、用处却完全不同的设施——凌阴。你能想到吗？凌阴居然是用来存储冰块的冰窖，夏天解暑应该会用到。

小西： 真让人难以置信，那岂不是4000多年前就有冰镇饮料、冰镇水果了？我感到太惊讶了。

老山： 小西，4000多年前的陶寺先民生活竟然过得这样有滋有味，从吃到住再到生活用品，都能看到我们现在的影子，他们还是野人吗？

小西： 不是不是，他们比野人的生活文明多啦。

老山： 陶寺先民的文明程度可能会超乎我们的想象，我们还需要继续探寻。

是文明人呀

真是地中之“国”吗

小西： 爷爷，您说陶寺是最初的“中国”，4000多年前这里真的就是一个“国家”吗？

老山： 小西，别急，这个还需要慢慢去探寻。我们刚才感受到的先民生活，其实是在王权的组织下进行的。也许还不能以“国家”称呼，却有着类似王权的等级社会。咱们接着看在陶寺遗址中还发现了什么。

考古发现	图　片	说　明
有规模宏大的城墙遗址，富丽堂皇的宫殿建筑。		陶寺遗址总面积约 280 万平方米，相当于 4 个故宫的面积，是已知的黄河流域最大的史前城址，意味着当时陶寺先民拥有极其发达的组织和动员能力，并且拥有高高在上的王权。 陶寺的城址由都城和宫城双城结构组成，中国后世都城几乎都采用了此种城市规划布局。
高等级墓葬中有乐器组合随葬。		土鼓、鼍（tuó）鼓都是传说中上古时期最高等级场合使用的乐器。 土鼓、鼍鼓、石磬等固定乐器组合的出现，意味着礼乐制度在陶寺文明中萌芽。
高等级墓葬中有礼器随葬。		这是彩绘龙盘，陶寺高等级墓葬中共出土 4 件。 盘中仿佛盘踞着一条红黑相间的龙，体上有似鳄鱼一样的鳞状斑纹，头有方耳，口衔枝状物，象征王权，被认为是中华民族龙图腾的雏形。
有文字出现。		这件物品被称为朱书扁壶。 扁壶上的朱砂标记“文”与甲骨文中的“文”如出一辙，却比甲骨文早了 700 余年，被认为是最早的文字之一。 专家对另一个符号的含义争论较大，有专家认为与上古帝王尧有关。

小西： 爷爷，透过城墙、宫殿、礼器、乐器和文字这些伟大的发现，我似乎看到了一个远古的文明社会和它强大的组织能力。难怪大家都称陶寺为最早的“中国”，处处都是王权的象征。

老山： 是的，最早的“中国”，地中之国。

确实是“地中”之国

老山： 小西，你可知道，陶寺先民对宇宙也充满了无尽的好奇，他们还尝试以自己的方式去探寻时间，还记得那个奇怪的建筑吗？那是陶寺古观象台基址复原场景。他们通过观象台土柱间的缝隙向东观测塔儿山日出，由此将一年分为包括冬至、夏至、春分、秋分等重要节点在内的20个节令，这与《尚书·尧典》中尧“观象授时”的记载相符。这也是二十四节气的起源。陶寺古观象台基址是迄今发现的中国史前文化中绝无仅有的一例。

小贴士

二十四节气歌

春雨惊春清谷天，
夏满芒夏暑相连。
秋处露秋寒霜降，
冬雪雪冬小大寒。

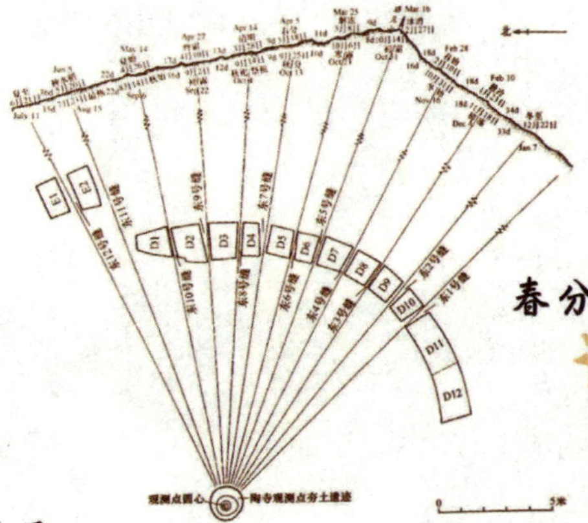

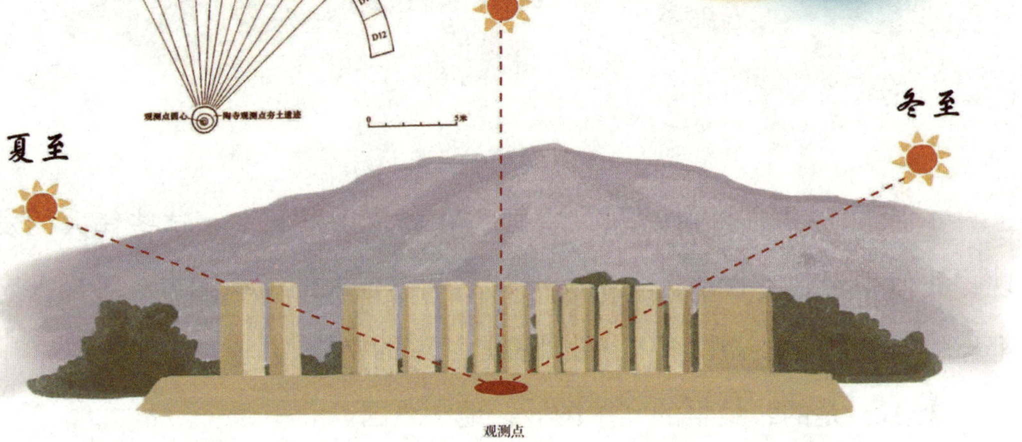

小西： 爷爷，我们的祖先真是有无穷的智慧！那“地中之国”又是什么意思呢？

老山： “地中”，大地的正中。“王者必居天下之中。”陶寺先民是怎样测量出陶寺是“地中”的呢？他们运用“圭表”来测量，陶寺曾挖掘出迄今为止考古发现的世界最早的圭表仪器实物。陶寺遗址年代与所处位置与上古帝王尧的记载相符，有不少专家认定陶寺遗址就是“尧都平阳”所在地。

小西： 爷爷，没想到4000多年前我们的祖先，不仅不是野人，竟还是拥有无穷智慧的文明人！此时此刻，我为我们的祖先感到骄傲！

小贴士

圭表是测量日影长度的一种天文仪器。由“圭”和“表”两个部件组成。垂直于地面的标杆是“表”；水平放在地上，有刻度，能测量影长的标尺是“圭”。正午太阳照射时，“表”投在“圭”上的影子长度会变化，夏至最短，冬至最长。陶寺先民认为，用这样的方法，能够测量出夏至正午日影长度为1尺6寸的地方，就是大地的中心。

老山指津

今天我们将自己的祖国称为中国，也许它正来自古人对于大地中心的思索。中国社会科学院考古研究所的何驽认为：“从目前的考古研究看，地中之都、中土之国在陶寺文化最早出现，所以，陶寺是最早的‘中国’。”也就是说，陶寺这片热土是中华文明的起源之地。

拆盲盒吧——太多惊喜了

盲盒一：猪的伙食居然是家畜里最好的？

陶寺先民饲养动物的目的是什么？据分析，陶寺的羊死亡时基本以成年个体为主，有的甚至长到5岁以后，专家因此推测养羊是为了获取羊毛。同样作为家畜的牛却有着不一样的用途。牛的死亡年龄基本有两个高峰，2岁以前和4岁半以后，专家因此推测饲养牛主要有两个目的：获取肉食和作为畜力。除了羊和牛，陶寺遗址还出土了许多猪骨骼。检测发现这些猪大多在2岁之前被宰杀，这个阶段的猪肉质鲜美且出肉率较高，猪肉应该是陶寺先民最主要的肉食。

通过碳氮同位素测定，考古工作者可以判断出这些动物生前主要的食物来源。羊群放养在野外，主要吃野草。牛可能是被喂养的，食物是小米和秸秆。猪的伙食最好，它们吃的竟然和主人差不多，吃残羹剩饭或者谷糠，成分主要以小米为主。当时的猪不光吃得跟主人相近，甚至还会住在同一屋檐下。

用现在的话说，为了美食，我们的祖先也是拼了。

盲盒二：乐器鼍鼓居然蒙的是鳄鱼皮？

鼍鼓壁身是红色的漆皮，文物专家进行初步修复后，发现鼍鼓是圆筒状的乐器，底部还有两个黑色的硬物。经过鉴定，黑色硬物居然是鳄鱼的骨板，这意味着鼍鼓是用鳄鱼皮蒙鼓，当皮掉了以后骨板就掉进鼓里了。《诗经》中这样形容鼍鼓的声音：“鼍鼓逢逢。”文献也有记载，认为鼍鼓发出的声音就像鳄鱼的叫声，沉闷悠远，能够传播很远。

这也说明，4000多年前的陶寺地区气候温暖湿润，适合鳄鱼生存。

展示吧——收获真不少

小西： 爷爷，这次陶寺之旅我们探寻了中华文明的起源，真是收获巨大。您觉得我该向小伙伴分享些什么呢？

老山： 我有几个提议，你选一个喜欢的方式吧。

- 用思维导图描述“地中之国”——陶寺遗址。
- 讲讲与陶寺遗址有关的逸闻趣事。
- 用彩泥做一个彩绘龙盘。
- 讲讲陶寺为什么是最早的“中国”。

小西： 好嘞，爷爷。和小伙伴一起传播山西文化，成为山西文化的小小宣传者，我感到特别骄傲。

扫码获取
☑听·晋地风华
☑观·溯源影像
☑阅·系列好书

* 第 19 页连线活动答案：

①粟；②稻；③麦。从相关诗句的字词中可以知道具体描写的为哪种农作物。

寻找晋祠“活化石”

晋祠：中国现存最早的古典宗祠园林建筑群，人文景观与自然山水完美融合的典范，为中国古代营造法式的“活化石”，是古代晋唐文化“历史记忆”与古典皇家园林“教科书”的双重标本。

穿越吧——我们去哪儿

小西： 爷爷，今天我们又要打卡哪个景点呢？

老山： 今天，我们的打卡地可了不得！它是集中国古代祠祀建筑、园林、雕塑、壁画、碑刻艺术为一体的珍贵的历史文化遗产。请看这张图片，猜猜去哪儿吧。

侍女像

小西： 这是晋祠，我熟悉。

老山： 小西真棒，这就是晋祠。今天，我们就要走进晋祠，认识晋祠，完成寻找晋祠“活化石”的任务。

小西： 还有任务？不过我喜欢有任务的行动。

老山： 如今的“晋祠”实际上分两部分：一部分是原有的“晋祠”，另一部分是围绕“晋祠”而建的晋祠公园。今天，我们着重了解原有的“晋祠”，现在叫晋祠博物馆。

小西： 爷爷，我们赶紧出发吧，我已经迫不及待啦。

文化名片

晋祠坐落在山西省太原市西南郊区的悬瓮山下，距离太原市区大约25千米，是晋水的发源地。《山海经》中有记载：“悬瓮之山，晋水出焉。”晋祠文化遗存极为丰富，各式建筑100多座，雕塑100多尊，铸造艺术品30多尊，历代碑刻400多通，诗文匾联200多幅，古树名木96株，其中上千年古树30株。晋祠的历史、艺术、科学和鉴赏价值，使其成为古代宗祠与造园艺术相结合的且跨越历史最长又最具代表性的实例，是中国古代文化和人类建筑艺术宝库中一份弥足珍贵的遗产。

挑战吧——我们来了

寻找晋祠“活化石”

- 寻找雕塑艺术的“活化石”
- 寻找不老的绿色“活化石”
- 寻找建筑艺术的“活化石”

寻找雕塑艺术的“活化石”

老山： 小西，你知道吗？提到雕塑艺术，好多人都会想到“晋祠三绝”之一——圣母殿的宋代彩塑，尤其是侍女像。咱们直奔圣母殿，和它们来一次跨越千年的约会，开启今天的晋祠之旅怎么样？

小西： 爷爷，一群泥人有啥好看的，它们竟然还是晋祠“三绝”之一！

老山： 你可别小瞧这些宋代彩塑，走进它们，认识它们，你才能真正了解它们的艺术价值。我先考考你的眼力，连连看，你能给它们对号入座吗？给你个小提示，要仔细辨认它们的穿着打扮、神态姿势，还要注意它们的年龄哟，快来试试吧！

◆ **捧印侍女** ——这是一位中年妇人，鹅蛋长脸，眼角高高抬起，双目傲慢地直视前方，嘴唇紧抿，显然是一个办事果敢且忠于职守、责任心强的侍女。

◆ **宦官** ——斜着眼儿，左耳比右耳稍大，因为左耳对着圣母，仿佛准备随时聆听旨意。

◆ **豆蔻年华侍女** ——细长的脖颈顶着比例略显失调的大脑袋，眼睛望向她的左前方，透露出一份可爱的气息。

◆ **双面佳人** ——头微微低垂，戴一朵红绸扎成的大花，正面看她含羞带笑，侧面看她眼睛红肿，眼角含泪。梅兰芳先生曾评价道："一笑一颦，似诉平生。"

◆ **教导侍女** ——这是一个年龄稍长的侍女形象。国字形脸庞上，较宽的眉间距透着慈爱的目光。双手抬起，就像一位正在讲课的老师。

◆ **胭脂女官** ——这是一尊着男装的女官像。头戴方形黑色硬幞（fú）头，手捧胭脂盒，作为专侍圣母化妆的女官，一定是位爱美懂美的女子。

* 连线结果参考第 42 页

小西：爷爷，仔细观察后，我觉得这群栩栩如生的侍女像也很美。可是，她们身上的灰尘那么厚，工作人员不能给掸一下吗？

老山：这可是文物，不能盲目地清扫灰尘。据晋祠的工作人员介绍，这些彩塑自宋朝就站在这里了，积累了大约1000年的灰尘，这些灰尘已经渗透到身体里，无法清除，现在技术达不到，怕弄巧成拙。不过，这些灰尘也是历史的见证。

小西：爷爷，我了解了晋祠雕塑艺术的“活化石”——宋代侍女像，现在我可以清楚地介绍晋祠了。

老山：作为晋祠“三绝”之一的宋代侍女像只是打开了我们认识晋祠的一个小窗口，晋祠的宝藏远不止这些。接下来，我们还要寻找更多的“活化石”，一定让你大开眼界。

老山指津

圣母殿中的43尊宋代彩塑将人物刻画得有血有肉。这些彩塑形神兼备，惟妙惟肖，风格写实流畅，特别是在人物性格刻画、感情特征描写等方面具有很大的创新。

侍女们生活的年代距离我们已经很久远，但是艺术却把她们真实、永远地再现给了后人。这些彩塑告诉我们，大约在1000年前，有一群人就是这样生活着。

寻找不老的绿色“活化石”

小西： 爷爷，快过来看，这株古柏竟然有3000多岁了。

老山： 是呀，周柏是晋祠最古老的树，种植于西周。这株古柏高10多米，向南倾斜，与地面呈45度夹角，斜依在圣母殿的殿顶，酷似卧龙，俗称“卧龙柏”。欧阳修曾经称赞：“地灵草木得余润，郁郁古柏含苍烟。”周柏已入选“全国100株最美古树”。

周柏

神奇的是，不知什么时候在这株卧柏下面又长出一棵翠柏，支撑住了倾斜的古柏。这棵翠柏被称为“擎天柏”，树龄也有千年以上。古柏已成为不老的象征，而老柏树倚靠在年轻柏树上的形象也被老百姓解读成“老有所依”。因此，游客常在这里与古柏、年轻柏树合影并许下美好愿望。

周柏也是晋祠“三绝”之一，晋祠还有“一绝”——“难老泉”。

小西：“难老泉”？好有意思的名字！听着就觉得这泉水永远年轻。

老山：是呀，不仅有意思，还很有文化呢！难老泉位于圣母殿的南侧，是晋水的源头，俗称“南海眼”，泉名取自《诗经》名句“永锡难老”。泉水出自晋祠西面悬瓮山的断层岩，海拔780米，天旱不减，雨涝不增，水温常年保持在17℃，号称“晋阳第一泉”，灌溉了晋祠的万亩良田，孕育出赫赫有名的晋祠大米。自古以来，难老泉吸引了无数游人。大诗人李白曾到此游玩，还留下了“晋祠流水如碧玉”“百尺清潭写翠娥”的诗句。

小西：难老泉，永锡难老。我记住啦！

老山：晋祠“三绝”样样叫绝，除此之外，更让我们叫绝的是晋祠的建筑艺术，堪称一绝。接下来，我们一起探寻建筑界的“活化石”吧。

寻找建筑艺术的“活化石”

老山： 小西，你发现没有，偌大的圣母殿大殿内居然没有一根柱子。

小西： 啊？真是，圣母殿的柱子都藏到哪里了？

老山： 建筑学里管这种情况叫“减柱法”，把支撑殿顶重量的大柱子都挪到了外边，屋檐下放一些柱子，通过柱子与墙体的配合，稳稳地支撑住殿顶，因此大殿内就不用设柱子，从而使殿内空间更加宽敞。

大殿在建筑上，还有一个特点就是——“柱升起”，大殿前檐八根廊柱由中间向两边依次增高，从而形成了“飞檐”的视觉效果，增强了大殿的曲线美。

小西： 爷爷，我还听说晋祠有我国最古老的立交桥，是真的吗？

老山： 是的，就在圣母殿前面，它有一个充满诗意的名字——鱼沼飞梁。古人以圆形为池，方形为沼。方形且多鱼，故名鱼沼。沼中立有34根小八角石柱，柱上架斗拱，斗口十字相交，承接梁，梁上架有十字桥面，由中心向四周伸下阶梯连接四边地面，就是“飞梁”。石柱在水中耐腐，而木构斗拱与梁枋又

小贴士

圣母殿的另外一大看点，就是殿前檐柱上的八条盘龙木雕。八条盘龙全部都是把树根根雕烤软之后，一节节拼上去的。八条龙形态各异，距今近1000年，仍鳞片层层，龙须根根，木质之好与工艺之精不得不叫人叹服。

兼具韧性，桥板是石质的，比较耐磨，这种扬长避短的构思，让鱼沼飞梁得以长久保存。这种突破一字桥形的十字飞梁，在我国现存的古建筑中是仅有的一例，已有1500多年的历史了。

小西，晋祠还有我国古代天然冰箱哩！

小西： 在哪里，在哪里？我得去看看。

老山： 晋祠献殿是祭祀时陈列供品的场所，相当于放大的供桌，位于鱼沼飞梁的南面。聪明的古人建造献殿时，四面完全不设围墙，而是

1 | 2
3

1. 盘龙木雕
2. 鱼沼飞梁
3. 献殿

晋祠全景

安装了直立木栅栏，起到了通风的作用，让祭品保鲜时间更长，这就是我国古代天然冰箱。如果你对建筑知识感兴趣，不妨进一步研究献殿的殿顶设计，一定会有惊喜的发现。

小西： 圣母殿、鱼沼飞梁、献殿不愧为晋祠“三宝”，我今天终于解锁了它们各自的建筑秘密啦！

老山： 悄悄告诉你，晋祠还有三大名匾——“难老”“对越”“水镜台”，现在你自己找找吧。

拆盲盒吧——太多惊喜了

盲盒一：晋祠的“主角”是谁？

晋祠真正的主角是唐叔虞。唐叔虞本姓姬，是西周成王姬诵的弟弟。周成王曾经剪一片梧桐叶封唐地予他，后世称他唐叔虞。后来，他的儿子改国号为晋，这里就成了晋王祠，也称作晋祠。由于“母以子贵”，封建统治者又重视孝道，所以才把唐叔虞的母亲邑姜的神殿——圣母殿摆在了最核心的位置。

盲盒二：唐太宗李世民也追星？

是的，李世民竟然也追星！他是书圣王羲之的头号“迷弟”。李世民不仅想方设法将《兰亭序》收入囊中，还收集了王羲之的墨迹3000多幅，装订成卷。除了收集整理，还勤奋临摹，他的字迹和王羲之的真迹非常相似。晋祠博物馆馆藏的碑刻《晋祠之铭并序》就是李世民模拟王羲之书法的得意之作，是行书上碑的首创，让李世民留名书法史。其中最见功力的当属“之”字，多达39个，各有姿态，绝无雷同，与王羲之《兰亭序》中的21个“之”字如出一辙。

盲盒三：为何金人台上最帅的"金人"却最"孤独"？

晋祠的金人台古称"莲花台"，俗称铁汉桥，台上四角各有一个2.5米高的铁铸武士。为什么要建金人台呢？《晋祠志》中记载："金能生水，有金则水旺。"原来，是用它祈求风调雨顺。相传，三个本地工匠制作的"金人"排行老大、老二、老三，唯独西南角"最帅"的外来户不排行，最"孤独"。原来，这尊"金人"为外地名师铸造，不仅神态逼真，体态英武，而且风雨之中不蚀不锈，至今已有900多年，仍光亮如初。据专家考证，是因为其中加入了铬和镍的成分，就是我们现在说的合金。

"金人"

金人台

展示吧——收获真不少

小西： 爷爷，这次晋祠之旅我长了不少见识，您觉得我该怎么展示呢？

老山： 我有几个提议，你选一个喜欢的方式吧。

- 可以在中轴线上寻找晋祠“活化石”，选一处介绍给大家。
- 可以聊一聊唐太宗李世民的追星故事。
- 可以讲讲晋祠铁人的逸闻趣事。
- 可以讲讲晋祠的碑刻。

晋祠圣母殿

* 第 33 页连线活动答案：

①豆蔻年华侍女；②宦官；③捧印侍女；④教导侍女；⑤双面佳人；⑥胭脂女官。

探寻天龙山
石窟中的千年微笑

天龙山石窟：跨越东魏、北齐、隋、唐四朝的石窟艺术，是外来石窟造像艺术向中国石窟艺术转变时期的代表作，具有广泛的国际影响。民国初期，屡遭盗凿，文物流失海外。2021年的“佛首回归”轰动海内外，鼓舞中华儿女昂首阔步踏上伟大复兴新征程。

穿越吧——我们去哪儿

小西： 爷爷，让我看这些照片，是要带我去看石窟造像吗？中国有四大石窟，位于山西的是大同云冈石窟。我们是要去云冈石窟吗？

老山： 不是啊。爷爷再给你个小提示，看看这个，这座桥被称为“云端上的公路”，从空中俯瞰，就像一条飞龙盘旋在山上。

小贴士

中国四大石窟是敦煌莫高窟、天水麦积山石窟、大同云冈石窟和洛阳龙门石窟。

天龙山公路

小西： 这可是太原的“网红桥”，我向往已久了。它通往天龙山石窟，我知道了，您这次要带我去看天龙山石窟！

老山： 没错。天龙山石窟的石窟造像艺术全国闻名，但由于战乱等诸多原因，很多造像身首分离，流失海外，成了“无头石窟”。天龙山有一件“回家”的国宝，是天龙山石窟第8窟的佛首，曾在2021年的央视春晚亮相。

小西： 哇，能看到天龙山漂亮的网红桥还有明星佛首，爷爷，您快带我出发吧！

老山： 好，目标锁定太原天龙山，准备出发。

文化名片

天龙山位于太原市西南36千米的吕梁山脉，主要由东峰、西峰、柳跖峪和香炉峰组成，占地面积约170万平方米。

天龙山是一座集林、泉、寺、洞于一体的历史文化名山，东魏大丞相高欢、北齐文宣帝高洋在天龙山修建避暑宫、开凿石窟、兴建寺院，拉开了天龙山人文历史的序幕，经过近1500年的发展演变，形成了天龙山深厚的文化底蕴和璀璨的人文景观。天龙山现存石窟、古建、墓塔、碑刻、雕塑、壁画等历史遗存100余处，是反映晋阳文化、东魏霸府、北齐别都弥足珍贵的重要实物载体。天龙山石窟现为全国重点文物保护单位。

天龙山植被覆盖率超过85%，植物种类超过200种，蟠龙松、七松坪、凤凰松等珍奇树木遍布山中，构成天龙山独特的森林奇观。天龙山的美是人文景观与自然风光交织的美。

挑战吧——我们来了

探寻天龙山石窟中的千年微笑

- 拜访天龙山石窟
- 寻觅千年的微笑
- 再现佛首的魅力

拜访天龙山石窟

老山：天龙山石窟始凿于北朝东魏时期（534—550年），历经北齐、隋、唐、明等不同时期的开凿，形成现有规模。它主要分为两个区域，即半山腰的洞窟主区和山脚溪谷旁的千佛洞区。洞窟主区石窟开凿于东峰和西峰的山腰间，绵延500余米，现存洞窟25个，造像500余尊，还有精美的飞天、藻井、壁画等。千佛洞区现存4个明代洞窟，开凿于悬崖峭壁之上，远望犹如空中楼阁。

小西：天龙山石窟历经不同时期开凿，山上的石窟造像是不是千姿百态呀？

老山：天龙山石窟造像时代特征鲜明，反映了南北朝至隋唐时期中国石窟艺术的卓越成就。其中，唐代造像神态高雅、造型优美、丰满圆润、飘逸多姿，是我国现存同时期最精美的石刻造像之一，被誉为“东方雕塑艺术宝库中一颗璀璨的明珠”，对后世佛教造像的发展产生了深远影响。

咱们马上就到达天龙山顶峰了，一会儿可以自山顶而下，一路寻找洞窟主区东、西峰上的石窟来一探究竟。

小贴士

石窟所处位置	石窟以及雕凿朝代
东峰	第1窟：北齐；第2、3窟：东魏；第4至7窟：唐朝；第8窟：隋朝。
西峰	第9窟：唐朝；第10、16窟：北齐；第11至15窟以及第17至21窟：唐朝。

寻觅千年的微笑

天龙山石窟始凿于东魏

小西： 爷爷，这儿有块石碑：高欢避暑宫遗址。高欢是谁啊？

老山： 北朝民歌《敕勒歌》，你不陌生吧？

小西： 我学过啦。敕勒川，阴山下。天似穹庐，笼盖四野。天苍苍，野茫茫，风吹草低见牛羊。

老山： 对喽，这首民歌的背后有一场极其悲壮的战争，高欢就是这场战争中的一方——东魏的大丞相。

高欢当时控制了晋阳（今太原）这个地方。晋阳的天龙山峰峦秀美、松柏葱郁，这里没有战乱，只有淙淙的泉水叮咚作响。他在山中为自己修建了避暑宫，并找人开凿了石窟，就是东峰的第2、3窟，是他为其父母做功德、祈福而营建的皇家洞窟，是一组双窟，也是天龙山石窟的鼻祖。

小西： 哇，高丞相眼光不错，在这块宝地上修建避暑宫还开凿石窟。

老山： 小西，在欣赏天龙山石窟造像前，爷爷先告诉你一个秘密：朝代不同，这里

小贴士

高欢率兵苦战近两个月，仍未攻克西魏玉壁城（在今山西稷山县境内），急得旧病复发。这时，西魏大都督韦孝宽又制造了高欢中箭身亡的谣言。为了稳定军心，高欢不顾病重之身，在露天大营召集诸将宴饮，与大将斛律金以及将士歌唱家乡民歌《敕勒歌》。

第2、3窟外景

的石窟造像特点也不相同。不过，它们却传承着一个共同点，你可要留心观察哟。

小西： 啊？那这东魏的造像有什么特点？我得细细查看。

老山： 嗯，我国现存东魏时期石窟非常少，第2、3窟对于研究东魏时期佛教石窟、雕塑、建筑艺术等具有重要价值。

小贴士

东魏造像面目清秀，服饰厚重宽博，身体显得单薄瘦弱，呈现“秀骨清像”之风格。佛像高肉髻，脸庞消瘦；身着褒衣博带式大衣。菩萨束高发髻，眉清目秀，面部长圆，嘴角上扬。

继东魏双窟之后开凿的是北齐第1、10、16窟

老山： 高欢死后的天保元年（550年），其子高洋代魏自立，史称北齐。北齐年代虽短，却延续神武帝高欢的崇佛之举，也在天龙山开凿石窟。北齐洞窟基本承袭东魏样式，但在造像风格上已有明显区别。

小西： 爷爷，我看出来了，佛像的服饰、面容与东魏的还是有所不同。

老山： 北齐造像一改东魏的“秀骨清像”样式，采用“张得其肉”的雕刻艺术风格，追求人体健壮肌肉结构的写实手法，立体感更强。北齐时期，石窟造像风格反映了我国石刻艺术逐渐中国化、民族化的过程。

小贴士

北齐佛像肉髻低平，出现螺发样式；面相浑圆，嘴角微扬；身体健壮，多着袒右式大衣。菩萨头戴高花冠，面庞宽而丰满，缯带长垂于肩，颈下有桃形项圈，披巾从双肩搭下。

国宝回家：隋朝第8窟流失佛首亮相央视春晚

小西： 爷爷，前面是第8窟，就是回归佛首原来所在的窟吧？

第8窟外景

老山： 是的。2021年2月11日，农历春节除夕夜，流失海外近一个世纪的天龙山石窟第8窟北壁主尊佛首，亮相中央广播电视总台春节联欢晚会，这是2020年回归祖国的第100件流失文物，也是近百年来第一件从日本回到祖国的天龙山石窟流失佛雕。

小西： 流失海外近一个世纪，回家的路一定很艰难吧？

老山： 我特意梳理了"国宝佛首回归之路"，你来感受一下它的回家之路吧：

2020年9月14日，国家文物局监测到日本东瀛国际拍卖株式会社拟于东京拍卖一尊佛头，疑似天龙山流失文物。后经鉴定研究，判断应属天龙山第8窟北壁佛龛主尊佛首。

回归的第8窟北壁主尊佛首

2020年10月，国家文物局启动追索机制。拍卖行董事长张荣与日籍持有人完成洽购。

2020年11月17日，张荣将佛首无偿捐赠给中国国家文物局，并完成交接仪式。

2020年12月12日，在各方努力配合下，佛首安全抵达北京。

2021年2月11日，佛首在央视春晚与所有华人共度除夕，迎接新年的钟声。

2021年7月24日，佛首回到天龙山，成为第一件回归天龙山属地的流失海外文物。

目前，这尊佛首陈列在天龙山石窟博物馆中。

小西：爷爷，我在“云游”天龙山石窟博物馆时，听解说这样介绍隋代造像的特点：隋代造像延续北齐造像端庄慈祥的风格，但线条刻画趋于圆润，是逐步形成唐代丰腴自如造像风格的重要过渡期。佛像肉髻低平，面相丰满圆润。菩萨头戴花冠，面短而宽，身躯挺直，上身或斜披僧祇支，或袒露，下身着裙，立于坛基之上。

老山：隋朝仅开凿了1个洞窟，是晋王杨广开皇四年（584年）出任并州总管时，属吏刘瑞为其祈福而开凿的，就是我们看到的第8窟。它是隋代佛教文化逐渐本土化的典型实例。

开凿高峰：唐先后开凿19个洞窟

老山： 唐代是天龙山开凿石窟高峰期，从武则天执政时期到唐玄宗开元初期，先后开凿第4、5、6、7、9、11至15、17至21窟，以及第2、3窟顶上的4个未编号洞窟，共计19个洞窟，除第9窟摩崖造像外，其他洞窟规模不大，但雕刻十分精美。

小西： 唐代的佛像比较圆润。

老山： 小西概括得不错。唐代造像神态高雅、造型优美、丰满圆润、飘逸多姿。唐代雕刻工艺多体现“曹衣出水”“吴带当风”的风格，具有极高的艺术欣赏价值。

小西，领略了天龙山石窟最主要时期的石窟造像艺术之后，还记得我让你寻找的这些佛像传承的共同点吗？想想看哟。

小贴士

唐代佛像发髻多为水波或旋涡纹，面相浑圆丰满，颈部三道蚕纹，宽肩细腰，胸部及肢体丰满健美；身着僧祇支，外披袒右式偏衫，或双领下垂式大衣，大衣紧裹双腿，呈“曹衣出水”式。菩萨头束高发髻，眉眼细长，面相丰满圆润；双肩较宽，细腰窄臀，下身修长。

老山指津

天龙山开凿的石窟造像，不论哪个朝代，面部始终都带着一种迷人的微笑。天龙山石窟始凿于北朝东魏年间，当时北方100余年的稳定被东、西魏的分裂再次打乱，硝烟四起、战争不断、民不聊生。造像似乎可以让人们逃离战争、安定内心，这些佛像成了人们在苦难中点亮生活的灯塔，成了很多人活下去的念想。叮叮当当，一斧一凿，每一尊造像都饱含着人们对和平生活的憧憬，每一尊造像都在微笑。这微笑成为极具中国审美的“天龙山样式”的经典标志。

再现佛首的魅力

小西： 爷爷，我特别喜欢这种迷人的微笑，我要仿照着雕刻一个。

老山： 在石头上雕刻有一定难度，但在肥皂、瓜果、橡皮、石膏或刮画纸等材料上雕刻或勾画天龙山样式的迷人的微笑是不是也很有吸引力呢？

假如觉得雕刻有难度，可以尝试在石头上画出“微笑”。

小西： 好主意，这样我可以很快拥有这个迷人的微笑。

老山： 若雕画佛首，要突出不同朝代的造像风格。静静体验，你会感受到“画由心生”的魅力。

小贴士

可以将刻画好的“迷人的微笑”与生活中的小物品相结合，装饰美化我们的生活。如纸刻微笑可以用来装饰贺卡、礼品盒等；橡皮等雕刻微笑可以沾印泥印在书签、藏书票、信笺等生活物品上。

天龙山石窟全景

拆盲盒吧——太多惊喜了

盲盒一：为何天龙山石窟成为“无头石窟”？

“当我第一次看到天龙山的照片，就被那里的石窟和造像深深地吸引住了……这里珍藏了北齐到隋唐时期，中国佛教艺术最鼎盛时期的辉煌，它们给予我的惊讶和喜悦，无法用言语表达。”

日本的山中定次郎在日记中记录了自己第一眼看到天龙山石窟的感觉。观看容易，但带走不易，可是山中定次郎有足够的金钱。与敦煌莫高窟如出一辙的是，天龙山也有一个王圆箓那样的人，他就是寿圣寺住持净亮。净亮收到钱后，疯狂的锤声响起，叮叮当当，与当初凿窟同样的声音，响彻天龙山，山中定次郎的锤子砸得天龙山生疼。一车一车的佛像被运往山外，漂洋过海。他在日记中这样描述：“40多个佛头被砍下来，装成箱运到北京，然后由北京运到日本。”

天龙山石窟大规模的盗凿活动开始了，到1930年，石窟中几乎所有头像和精品文物都被盗割一空，有的造像甚至全身被盗凿，造成了极为严重的破坏。一时间，天龙山石窟成了“无头石窟”。

盲盒二：如何才能看到天龙山石窟被盗凿前的原貌？

大规模盗凿使闻名于世的天龙山石窟造像身首异处、天各一方。近些年，随着三维扫描、多媒体制作等科技的发展，数字复原天龙山石窟让流失百年的造像魂归故里成为可能。在多方通力合作下，历时6年，在9个国家近30座博物馆，采集到100余件天龙山流失造像的三维数据，实现11座主要洞窟的专业数字复原，使天龙山石窟被盗凿前的原貌得以完美展现，重现精美绝伦的天龙山石窟艺术。

天龙山石窟数字复原展是国内将流失文物与其原始环境进行全方位虚拟合体的首创，是“文物+科技”融合发展的典型成功案例，也是国际上第一个该种类型文物的大型数字复原展。

盲盒三：明代天龙八景有哪些？

除却石窟，早在明代天龙山就有“天龙八景”之美称，分别是崇山环翠、佛阁停云、鼎峰独峙、虬柏蟠空、龙潭灵泽、石洞栈道、高欢暑宫、柳跖旗石。“天龙八景”是明代太原人的所见所记，现在人们还能看到七松坪、关帝庙、千佛洞、观音塔、玉皇洞、卧龙石等从属之景。

天龙八景	景点介绍
崇山环翠	天龙山层峦叠嶂，松柏环绕，宛如一道翠绿的天然屏风。
佛阁停云	漫山阁巍巍高挂，入云悬倚漫山间。每逢雨过天晴，万谷空幽之时，白云缭绕于阁前，雾霭飘飘时隐时现。
鼎峰独峙	天龙山南峰山势险峻，远望仿佛是一幅连绵不断的卷轴画。雨过天晴之时，云雾自山中冲天而起，有如炉中香火之烟，故名香炉峰，此景颇有“日照香炉生紫烟”的意趣。
虬柏蟠空	天龙寺门前广场右侧的蟠龙松，主干高约 2 米，盘根错节，枝干向四面辐射平伸，形如华盖，状似蟠龙，生机盎然，生长不息。
龙潭灵泽	白龙池西有一大石，凿石为洞，名曰龙洞；洞中开池，名曰龙池。泉水自池中涌出，荡漾澄清，天旱不涸，雨涝不溢，被古人视为“灵泽”。传说池中有白龙，故称白龙池，池旁修建白龙祠以祀之。
石洞栈道	在悬崖峭壁上的石窟前面原有栈道，沿栈道可进入石窟，现如今已看不到。
高欢暑宫	东魏大丞相高欢在圣寿寺对面的南山黑龙洼修建避暑宫，北齐高洋在此修建寺庙，开凿石窟，就此拉开了天龙山人文历史的序幕。山因寺而得名，寺因窟而著称，从此，天龙山声名大振。
柳跖旗石	耸立于香炉峰之上的巨石，石上有凹槽，相传是春秋时期柳下跖插旗之处，故称柳跖旗石。后人为纪念柳下跖，将其聚众起义之处命名为“柳子峪”，又称柳子沟。

展示吧——收获真不少

小西： 爷爷，这次的天龙山之旅不仅有美景和历史故事，我还感受到了数字科技的力量和石刻造像的精美，而雕刻或绘制迷人的微笑更是一种前所未有的全新体验，这么丰富的收获我都不知该如何展示了。

老山： 既然收获不少，爷爷提个建议，你可以尝试组合展示。

- 介绍你的绘画或雕刻作品。
- 讲讲亮相央视春晚的那尊佛首的故事。
- 展示你喜欢的天龙山美景并做解说。

小西： 组合展示可以让自己感兴趣的相关内容都有亮相的机会，真是个好办法，我准备去设计。

解州关帝庙寻宝

解州关帝庙： 天下关庙之祖，武庙之冠，华人关圣信俗溯源之地。世界上现存规模最大的关公文化建筑群，中华优秀传统文化“忠、义、仁、勇”最具凝聚力的精神标识。

穿越吧——我们去哪儿

小西： 我手拿青龙偃月刀，胯下赤兔胭脂马，曾经斩过颜良，诛过文丑，来来来，尔等哪个来战？

老山： 小西，你先将拖把放下，我说怎么找不到了，原来是你骑着呢。对，还有笤帚，别拿着比画了。看来《三国演义》真是看多了，说一说，你最喜欢书中的哪个人物？

小西： 爷爷，那可多了，曹操阵营的许褚、典韦、张辽、郭嘉；刘备阵营的关羽、张飞、赵云、诸葛亮；孙权阵营的周瑜、孙策、太史慈、甘宁。不过我最喜欢的还是关羽关云长。

老山： 喜欢关羽的人还真不少，你能说说你喜欢关羽的理由吗？

小西： 他勇猛，打了很多漂亮仗。他还很忠心，桃园三结义的故事非常感人。

老山： 不错，后人对关羽极为推崇，甚至成了一种精神信仰。

小西： 爷爷您看，我打算做一副三国人物扑克牌，现在正做关羽的这张，修改了好几次都不太满意，您能提点建议吗？

老山： 哦，不急，小西。我先带你去个地方，这个地方有很多宝贝，这些宝贝能让你更好地认识关羽。去了这个地方，你的这张扑克牌肯定能做好。

小西： 去哪儿？去哪儿？快点告诉我，爷爷。

老山： 解州关帝庙，中国人对两座庙特别推崇，一座是文圣孔庙，一座就是武圣关帝庙。拿好东西，准备出发吧。

文化名片

解州关帝庙，位于山西省运城市盐湖区解州镇解州村，始建于隋代，已有1400多年的历史。解州关帝庙曾被大火焚毁，后历时11年，于清康熙五十二年（1713年）重新修建完成。解州关帝庙总面积达26万平方米，主体结构为清代建筑。

目前，全世界共有3万多座关帝庙，解州关帝庙是始建最早、规模最大、建制最高且保存最完整的关帝庙，被誉为“关庙之祖”“武庙之冠”。1988年，解州关帝庙被国务院公布为第三批全国重点文物保护单位。

小贴士

“解”字在这里不读“jiě”，也不读“xiè”，运城当地人读“hài”。

挑战吧——我们来了

解州关帝庙寻宝

- 端门遇“龙壁”
- 崇宁殿识“匾额”
- 春秋楼知“三绝”

端门遇“龙壁”

小西： 终于到解州关帝庙了，哇，好大的建筑群！

老山： 关羽是解州人，当年关羽被杀害之后，身体被埋在当阳，头被孙权送给了曹操，曹操将其埋在了洛阳，人们说关羽“头枕洛阳，身卧当阳，魂归故里”。民间尊解州为关公的魂归之处，经过历朝历代的修建，就形成了这样的规模。

小西： 爷爷，您快看，这里居然有一座九龙壁，我在北京故宫曾见过，雄伟华丽，看起来这座九龙壁已经有些年头了，后面还用几根木柱支撑着。

老山： 呵呵，你再数数，这块照壁上有几条龙？

小西： 1——2——3——4，咦？爷爷，这上面是四条龙，和故宫的不太一样啊。

老山： 它上面雕刻的四条龙，代表帝王权威，因为关羽是死后被封帝的，所以与九龙壁有所区别，是四龙壁。它是明代宣德年间（1426—1435年）烧制的琉璃影壁，大约有600岁，人们特别偏爱它，给予它极大的保护。

小西： 啊，这是我找到的第一件宝贝呀。

老山： 小西，小心，后面有柱子！

小西： 谢谢爷爷提醒，这里为什么会有三根铁柱子？

老山： 这可不是普通的铁柱子，它叫“梐枑”，又叫“行马”，俗称“挡众”。这个“梐枑”是雍正皇帝御赐给关老爷的，代表文官下轿，武官下马。

小贴士

梐枑（bì hù）的作用是遮拦人马。

小西： 文官下轿，武官下马，每个来这里的人都要对关羽心存敬畏。我得记录下来，又找到一件宝贝。

老山： 小西，你看，我们现在正在端门前，从端门进去依次是雉门、午门、“山海钟灵”木牌坊、御书楼和崇宁殿，后宫还有一座春秋楼，这些建筑的名字你觉得耳熟吗?

小西： 好像去故宫时听过，看来这关帝庙也是一座宫殿式建筑，难怪说它建制高呢。

崇宁殿

崇宁殿识“匾额”

小西： 爷爷，午门到了。您看，墙体上画的都是关羽的故事：桃园三结义、温酒斩华雄、千里走单骑……这些故事我在书上都读到过，印象最深的是“屯土山关公约三事”，关羽在曹营，曹操对他特别好，赠给他金银，还赠了赤兔胭脂马，可是当他得到刘备的消息之后，挂印封金，过五关斩六将，千里走单骑去寻找大哥。

老山： 这正是关羽忠义的体现，桃园三结义时他们兄弟三人立下了“上报国家，下安黎庶”的誓愿，而这个誓愿，也成为他毕生履行的责任和信念。他这一生，忠诚于刘备且义气至上，这也是他备受后人推崇的一大原因。

小西： 爷爷您看，这是哪座殿？看起来恢宏雄伟，应该是一座主殿吧？

老山： 这座殿是关帝庙主体建筑崇宁殿，你看到“神勇”两个字了吗？那是乾隆皇帝的手书。我们可以在这里多看看。

小西： 我看到了青龙偃月刀，真威风。

老山： 据说，这里每把青龙偃月刀重300斤呢。

小西： 这么多匾额。爷爷，快给我讲讲这些匾额的来历。

老山： 你不是在寻找宝贝么，这些匾额可都是真正的宝贝。你看，有康熙御笔亲书“义炳乾坤”、乾隆亲笔“神勇”、咸丰御笔亲书“万世人极”，全都堪称珍宝。

小西： 我看到关羽了，他身穿帝王装，很威严。

老山： 嗯，那边有关羽的坐轿，是他巡城时用的。每年农历四月初八解州关帝庙有大型的“关帝巡城”活动，许多游客齐聚于此，共享民俗文化盛宴。

小西： 哇，明年四月初八我还要来解州关帝庙。

小贴士

崇宁殿因北宋崇宁三年（1104年）徽宗赵佶封关羽为“崇宁真君”而得名。殿前有石华表一对、焚表塔两座，还有一对铁旗杆。26根雕龙石柱上的蟠龙姿态各异，活灵活现。

关帝庙庙内匾额

春秋楼知“三绝”

老山： “气肃千秋”坊的左右两边各有一座楼：一座叫刀楼，一座叫印楼，考考你，你觉得这两座楼里面有什么？

小西： 我知道，刀楼里一定是青龙偃月刀，印楼里一定是汉寿亭侯印。爷爷，这个您难不住我。

老山： 小西厉害，现在我们去看看关帝庙的另一座重要建筑——春秋楼。再考考你，你知道关羽最喜欢看什么书吗？

小贴士

春秋楼掩映在参天古树和名花异卉之间。其始建于明万历年间（1573—1620年），现存建筑为清同治九年（1870年）重修。整座楼宽七间，进深六间，二层三檐，高33米。檐下木雕龙凤、流云、花卉、人物、走兽等图案，雕工精湛，剔透有致。楼顶彩色琉璃覆盖，光泽夺目。

春秋楼

关帝庙一角

小西： 关羽最喜欢读《春秋》了，我读的书中就有对他夜读《春秋》的描写。

老山： 春秋楼就是因为里面供奉着关羽读《春秋》的像而闻名的。小西，你看这座楼上层的柱子，有什么奇特之处？

小西： 咦？这些柱子怎么都是悬空的？第一次见到这样的建筑风格。

老山： 这座春秋楼有“三绝”。建筑结构奇巧，内部有很精巧的设计，上层垂柱悬空，这是一绝；第二绝在第二层上，有关羽侧身夜读《春秋》像，关羽身旁的阁子板壁上刻满了用正楷刻写的《春秋》内容；第三绝是春秋楼的楼顶，据说正好对着北斗七星的位置。

小西： 爷爷，这次关帝庙寻宝之旅真是收获颇丰，您看，我的笔记本都写满了。

老山： 关帝庙除古建筑外，还有琉璃影壁、石头牌坊、万斤铜钟、铁铸香炉、石雕饰品、木刻器具以及各朝各代石刻、题诗题匾等，都是值得参观的艺术精品。小西，你觉得今天找到的最珍贵的宝贝是什么？

小西： 爷爷，我觉得今天见到的这些都是宝贝，不过读万卷书不如行万里路，来到这里让我感受最深的是人们对关羽的崇敬之情。

老山： 是的，关羽“忠”“义”“仁”“勇”的精神已经深深刻在中国人的血脉之中，成为世代相传的宝贵财富。

小西： 所以，我今天找到的最珍贵的宝贝就是关羽的这种“忠”“义”“仁”“勇”的精神，真是不虚此行啊！

老山指津

解州关帝庙静默而庄严地守候着关公，关公也在岁月历史长河中守护着解州。关公是一株“忠义仁勇”的精神巨柏，关羽言行如一、不事二主、肝胆相照，这是忠；两肋插刀、义薄云天、扶正祛邪，这是义；以诚待人、一诺千金、信用为重，这是信；擅用计谋、巧以用兵，这是智；心系百姓、善待下属、有福同享，这是仁；所向披靡、勇往直前、“过五关斩六将”，这是勇。

关公精神已形成一种独特的文化现象，植根于华夏历史与文明的沃土之中，成为世代传承的不朽力量。

拆盲盒吧——太多惊喜了

盲盒一：关羽是如何由人到神的？

在三国诸位武将之中，关羽的事迹被人们熟知。周瑜和吕蒙都称赞关羽是“熊虎之将”，刘晔称其“勇冠三军”。可见，在三国时期，关羽就已经非常出名了。关羽后期被神化离不开两个人的功劳——宋徽宗赵佶和创立“正一道”的张天师。

据说，北宋崇宁年间（1102—1106年），运城盐池产量减少，极大地影响了当地的财政收入。地方上报给朝廷之后，引起了朝廷的高度重视。朝廷立刻派人到盐池去了解情况，可是毫无头绪。联想到盐池为远古蚩尤的身体所化的传说之后，负责人请来当时已经名满天下的张天师。张天师来到解州之后，就作法请关羽，关羽与蚩尤大战，最后关羽胜。由此，关羽在解州击败蚩尤的消息就逐渐传开，越传越广。关羽也由此在民间开始逐渐被神化，“由侯到王，由王到帝，由帝到圣，由圣而天”。

盲盒二：关羽受到了哪些人的崇敬？

关羽是文衡帝君，保佑着读书人。明清时期，读书人应考前，都会去关帝庙拜关公，抽取关帝灵签，以卜吉凶。关羽是雨神，保佑着农夫。农历五月十三传说是关公磨刀日，那天必下雨，谓“磨刀雨”，有谚语“大旱不过五月十三”。关羽是财神，保佑着商人。他既是武财神，也是义财神，教导商人要“以义取财”。关羽还是五路财神中的西路财神，因此受到晋商的特别崇奉。晋商学习关公重仁义、讲诚信，铸就了独特的晋商精神。关羽是军神，保佑着军人衙差，古代将士们出征时，都会拜拜关羽。

明代商喜《关羽擒将》

不仅如此，关羽还是许多行业的祖师爷、保护神。“村村有关庙”的盛景表明了关羽在中国人心中至高无上的地位。

盲盒三：关羽为什么喜欢读《春秋》？

《春秋》相传是孔子依据鲁国史官所编鲁史加以整理修订而成，记述了春秋时期两百多年的政治、社会、军事、经济、教育等。

关羽生活在东汉末年至三国时期，当时作为儒家五经之一的《春秋》已在社会上广为流传，阅读《春秋》已经蔚然成风。关羽读《春秋》也是受当时社会文化的影响，而且关公精神，就源于这“春秋大义”。关公终其一生，都在实践着儒家思想，即“忠”“义”“仁”“勇”“礼”“智”“信”，关公把“春秋大义”发挥到极致，也因“春秋大义”而获得美名。关羽是儒家思想道德的实践典范。

展示吧——收获真不少

老山： 小西，这次解州之行，一定让你收获很大吧？

小西： 是呢，爷爷。我要把我的学习成果展示给大家。我觉得我不仅能做好一张关羽的扑克牌，还能做很多事情弘扬关公文化。

老山： 小西真棒，你可以从以下几个方面做尝试：

- 讲述你在解州关帝庙寻到的宝贝。
- 制作关公脸谱，感受戏曲文化。
- 角色扮演，将关公的英雄事迹演绎出来。

小西： “红脸的关公战长沙，黄脸的典韦，白脸的曹操，黑脸的张飞……”，爷爷，我要制作好几个脸谱，召集我的小伙伴来扮演。

老山： 哈哈，期待你们的表演。

解密红军东征

红军东征：奏响了中国共产党领导武装抵抗外来侵略的战斗序曲，奠定了山西作为敌后抗战战略支点的重要基础，是一场深远影响中国革命进程的战略行动。东征期间，毛泽东创作了脍炙人口、气贯长虹的《沁园春·雪》。

穿越吧——我们去哪儿

小西： 爷爷，您看这照片上是什么东西？

老山： 应该是个羊皮筏子。

小西： 羊皮筏子？干什么用的？

老山： 羊皮筏子是用羊皮囊扎制成的筏子。它曾是黄河中上游借助河水之力，运输人员、物资的水上工具。说到黄河，我想起了红军东征。

羊皮筏子

小西： 红军东征？爷爷，弄错了吧，应该是红军长征吧？

老山： 我猜你就会这么问，因为大家都知道红军长征，但是对红军东征了解不多。

小西： 那红军东征是怎么回事呢？您赶紧给我讲讲。

老山： 说到红军东征，还得从红军长征说起，咱们驾驶时空机去实地了解一下吧。

小西： 好，我都有些迫不及待了。

老山： 在路上，爷爷再让你听一首慷慨激昂的歌曲——《红军东征歌》，你要争取学会唱哟。

小西： 没问题，爷爷。

文化名片

红军东征是中央红军与陕北红军会师后，挟百战余威主动实施绝地反击的英明之举；是红军在艰苦环境中以发展求巩固，在巩固中促发展的一个关键节点；是中国革命走向胜利的一个重要的里程碑。

红军东征纪念馆坐落于山西省吕梁市石楼县，于1996年5月5日开馆，是介绍红军东征这一历史事件的专题纪念馆。先后荣获全国爱国主义教育示范基地、国家二级博物馆等荣誉。

挑战吧——我们来了

解密红军东征

- 红军为什么东征
- 红军怎样东征
- 红军东征的重大意义

红军为什么东征

小西： 爷爷，您驾驶的时空机能不能再快点！

老山： 不要着急，前面就是，我们已经穿越时空，我准备减速降落啦。

小西： 1935年这里好荒凉啊，快看，有好多红军战士。

老山： 1935年10月，中央红军历经二万五千里长征到达陕北，在陕北虽然找到了一块立足之地，临时安好了家，但又遇到了难以想象的困难……

小西： 没想到红军会面临这么多困难：红军危机！华北危机！中华民族危机！我们该怎么办？

小贴士

困难一：红军大量减员，急需扩大队伍，增添装备，但陕北经济落后，军需供给不足。

困难二：敌人20余万重兵分割包围陕北苏区，根据地的巩固和发展受到了极大的限制。

困难三：日本在华北制造华北事变，妄图侵占中国华北地区。

黄河渡口

老山： 遇到困难，肯定得想办法解决，听说我党正在瓦窑堡召开会议，现在一定有了解决办法，咱们去看看。

（小西和老山驾驶时空机穿越到瓦窑堡，瓦窑堡会议刚刚结束。）

小西： 爷爷，听说红军要向咱山西出发了，为什么会选择山西？

老山： 就知道你会这么问，且听我分析。

首先，工农红军要把抗日的烽火推向华北，迅速实现直接对日作战的目的，以实际行动向全国人民表明自己的抗日决心，就必须打通山西这条必经的通道。

其次，东征山西，就可以避免与张学良的东北军和杨虎城的西北军发生冲突，有利于开展对东北军、西北军的统战工作，力争实现西北地区“三位一体”联合抗日的局面。

再次，陕北根据地地瘠民贫，交通闭塞，经济落后，不利于红军的发展壮大。而东征山西可以解决红军面临的兵源、钱、粮等部队的给养问题。

最后，山西地理位置优越，是理想的抗日根据地，东征山西可以开辟新的吕梁山抗日根据地，作为推进华北抗日战场的战略支点，与陕北根据地相互依托。

小西： 好英明的决策！

小贴士

1935年12月17日至25日，中共中央在陕北安定县（今子长市）瓦窑堡村召开中央政治局扩大会议，会议通过了《中央关于军事战略问题的决议》，明确指出红军的部署和战略方针：重点放在“打通抗日路线”与“巩固、扩大现有苏区”这两个任务上，把红军的行动与苏区发展的主要方向放到东边的山西和北边的绥远（今内蒙古自治区）去。

红军怎样东征

小西： 爷爷，在船只数量严重不足的情况下，红军是如何渡过黄河的？

老山： 紧急时刻，陕北人民纷纷献出了自己的羊皮筏子，援助红军东征，一个事关东征胜败的难题就这样得到了及时解决。

小西： 羊皮筏子真是红军东征的大功臣。

老山： 红军要东征，先顺利渡过黄河是最重要的。听说今晚要渡河，咱们去黄河岸边看看。

小西： 爷爷，现在是1936年2月20日晚8点整。这天寒地冻的，又是晚上，红军该怎么渡河呢？黄河上还有那么大的冰凌块，万一撞上去可不得了。呀，不好了，响起了枪声！

老山： 小西，别出声，屏住呼吸，有敌人。

小西： 快看，爷爷！有位红军战士身上的一只羊皮筏子被击破了，幸好还有另一只。哎呀，那位红军战士的两只羊皮筏子都被击破了，两位战士在共用。

老山： 红军抗日先锋军靠着羊皮筏子全部顺利地渡过了黄河天险，开启了东征山西、抗日救亡的新征程。

小西： 听，战士们在唱歌，怎么这么熟悉。我想起来了，这就是《红军东征歌》，爷爷，我也会唱，太鼓舞人心了，我忍不住要跟着一起唱……

密云遮星光，万山乱纵横，黄河上渡过民族英雄们，摩拳擦掌杀气高，我们铁的红军。

猛虎扑羊群，奋勇向前进，只见那白军连滚又带跑，猛打猛冲又猛追，追到石楼城。

汉奸卖国贼，出卖我华北，听见我红军胆颤又心惊，沿河堡垒一扫尽，吓掉汉奸魂。

红旗山西飘，同胞齐欢迎，卖国贼阴谋挨了当头棒，抗日救国大家来，工农商学兵。

老山：这是在红军东征途中，红军战士克服重重困难，渡过黄河后，时任中国人民红军抗日先锋政治部宣传部部长的陆定一按捺不住胜利的喜悦，在石楼写下这首意气风发、慷慨激昂的《红军东征歌》。

小西：爷爷，红军顺利渡过黄河来到了山西，我们快跟紧了，去看看红军东征还干什么了。

永和乾坤湾

红军东征的重大意义

老山： 红军东征是长征的继续和延伸，更是全面抗日战争的前奏和序幕。对于红军东征的意义，可以概括为“打了胜仗，唤起了民众，筹备了财物，扩大了红军”。

小西： 红军东征意义重大，太值得纪念了，咱们乘坐时空机去纪念馆看看吧！

老山： 好，在山西的石楼、柳林、永和都可看到与红军东征相关的红色革命遗址。

小西： 看来这段旅程要持续久一点了。

老山： 没关系的小西，我们慢慢走，慢慢看。

小贴士

红军东征期间，所到之处大力发动群众，摧毁反动政权，宣传抗日救国主张，积极筹款扩大红军队伍。在山西境内75天，转战山西50多个县，缴获各种枪支4000多支，扩大红军8000余名，筹款30多万元，还筹集了一批急需的布匹、棉花、粮食、食盐、药品等。组织了地方游击队30多支，发展了党的地方组织，在山西播下了抗日的革命火种，为抗战全面爆发后，八路军开赴山西抗日前线建立根据地奠定了群众基础和组织基础。

拆盲盒吧——太多惊喜了

盲盒一：红军东征期间，毛泽东写了什么诗？

1936年2月初，毛泽东率红军来到黄河渡口，他登上海拔千米白雪覆盖的塬上，看见千里冰封的大好河山，不禁感慨万千，挥毫写就了一首雄视千古、气壮山河的著名诗篇《沁园春·雪》。

北国风光，千里冰封，万里雪飘。望长城内外，惟余莽莽；大河上下，顿失滔滔。山舞银蛇，原驰蜡象，欲与天公试比高。须晴日，看红装素裹，分外妖娆。江山如此多娇，引无数英雄竞折腰。惜秦皇汉武，略输文采；唐宗宋祖，稍逊风骚。一代天骄，成吉思汗，只识弯弓射大雕。俱往矣，数风流人物，还看今朝。

盲盒二：红军东征时，山西娃娃被写进哪部著作里了？

山西少年儿童参加革命斗争的历史，与中国共产党领导人民进行革命斗争的历史相伴相随。

1936年红军东征时，山西洪洞12岁学徒王东平和伙伴参加了红军。王东平就是埃德加·斯诺在《红星照耀中国》里所写众多“红小鬼”中的一员——“山西娃娃”。

盲盒三：红军东征首战地有多神奇？

奔腾不息的滔滔黄河水沿晋陕大峡谷奔流南下至石楼县辛关镇处，陡然回转，“画”出一个周长约8千米、近似圆形的大湾，人称“奇湾”。站在观景台向下俯瞰，奇湾全景尽收眼底，西窄东宽、尾部圆满。湾内陆地属于陕西，如神龟浮游河水之上，悠然自得；大湾东岸山体属于山西，壁立千仞，形成岩抱水、水环山、山水相依的景象。石楼黄河奇湾，古老神秘，日夜奔流。沿岸斑驳的碉堡无声地诉说着这里作为红军东征首战地的烽火记忆。遥想当年，黄河涛声、船工号子、犹未散尽的硝烟、民族发出的怒吼，一定在毛泽东心中掀起波澜，更加坚定了他坚持率部东征山西、“以发展求巩固”的决心。

展示吧——收获真不少

老山： 小西，咱们的旅程马上就要结束了，把你的收获展示给大家吧。记得拍视频传唱《红军东征歌》。

小西： 没问题，爷爷！一路上，我的耳边一直回响着这首激荡雄浑的歌曲，我会努力传唱，让红军东征的精神被更多的人知道和了解。

老山： 给小西点赞，你也可以给你的小伙伴讲讲红军东征期间发生的故事。

小西： 知道啦，爷爷。我猜应该会有小伙伴跟我刚开始一样，只知红军长征而不知红军东征。

老山： 讲好东征故事，传承红军精神。小西，加油！

扫码获取
☑听·晋地风华
☑观·溯源影像
☑阅·系列好书

绿色板山
红色记忆

太行板山：黄土高原与华北平原分界的重要标识，太行山雄奇险峻地貌的典型代表。体现了中华民族不屈不挠、众志成城、铜墙铁壁般的民族斗争精神。

穿越吧——我们去哪儿

黄崖洞外景

小西： 爷爷，这是哪里的照片啊，这山好雄伟。

老山： 这是咱山西人的骄傲，山西的名字还与它有关哩。

小西： 噢？难道是太行山？山西是因为在太行山以西才得名的。

老山： 对，就是太行山。太行山又称五行山、王母山、女娲山，它如一座纵贯于北方的天然长城，是我国第二级与第三级阶梯的地理分界线之一，也是黄土高原和华北平原的天然分界线，太行山绵延400多公里，所以也称“八百里太行”。

小西： 爷爷，看您讲得这么激动，这是要带我爬山登高游太行吧，八百里太行，我们从哪儿游起呢？

老山： 在这美如画的太行画卷里，荟萃了八百里太行最壮美自然风光的便是位于太行山中南段的板山。板山山势雄伟、千姿百态，站在板山，八百里太行群峰尽收眼底，所以人们称之为八百里太行的观景台。

小西： 这张照片中的黄崖洞也在板山吗？

老山： 是的，板山深处不仅有树、有怪石，还深藏着暗堡、掩体、投弹所、观察所等防卫工事遗址。抗日战争时期，八路军在这里建成黄崖洞兵工厂，那是八路军最早、最大的敌后兵工厂。

小西： 爷爷，登山鞋、登山杖、雨具、指南针……我都准备好了，咱们出发吧。

文化名片

板山，主峰向阳面陡峭度呈90度，岩层紧密，没有任何植物，因山形壁立如板而得名，位于武乡和黎城两县交界处，平均海拔在1800米以上，最高峰花儿垴达2008.5米，为武乡县的最高处。这里是太行山精华所在，不仅风光秀丽，还是一座具有光荣历史的革命纪念地。有左权将军带领战士为老百姓挖出的圣人泉，还有八路军总部旧址、黄崖洞兵工厂等红色革命遗址。

英雄的板山，既是风景名胜游览区，又是进行革命传统教育的好地方。

小贴士

左权，中国无产阶级革命家、军事家，中国工农红军和八路军高级指挥员。周恩来称他为“足以为党之模范”，朱德赞誉他是“中国军事界不可多得的人才”。

挑战吧——我们来了

绿色板山
红色记忆

绿色板山

红色记忆

绿色板山

小西： 终于到板山了。爷爷，快看，那座山像是被斧子劈开似的，垂直90度，太神奇了！

老山： 这就是大自然的鬼斧神工。人民大会堂山西厅正面悬挂的那幅画是山西画家霍俊其与吴光明先生以此山为灵感创作的。明天早上咱们爬上板山还能看到东升的旭日。

小西： 日出啊，我在泰山看过了，还在课堂上学过巴金先生的《海上日出》，板山的日出有什么好奇的！

老山： 还真不一样！有句话说得好："泰山日出观不得，板山日出最为奇。"这里有桂林之美、黄山之秀、泰山之雄、华山之险，登板山可享天下之奇。

小西：登板山天下无山？那我岂不是要大饱眼福了！

老山：板山四季风景美如画，我选择秋天来，是做好攻略的。这趟出来让你把板山“三绝”看个够。

（第二天一大早，老山与小西登上了板山。他们站在山顶观日出，赏美景。）

老山：20世纪70年代初，武乡土生土长的著名摄影艺术家王留大，将一幅“太行晨曦”摄影作品发表于《中国画报》，震撼了整个摄影界。从此各地摄影爱好者跋山涉水，起五更或夜宿板山壑，以争取最佳时间拍摄板山日出奇观。

小西：确实震撼到我了，太美了。我把这美景都留在了我的相机里。

老山：照片都拍了，你还在本子上写写画画，莫非你还要把这美景再画出来？

小西：爷爷，我刚才奋笔疾书，写下了观日出有感，我读给您听。

太行山奇观——板山日出

清晨四五点钟，我和爷爷登上了板山。遥望东方，万千座峰头淹没在乳白色的晨雾之中，千里太行如无垠的大海，苍苍茫茫，横无际涯。天空先是出现一片红彤彤的朝霞，在朝霞的映衬下，一轮红日冉冉升起，巨大的火球将整个太行群峰笼罩在一片火光中。明亮的光波，五色的霞彩，此刻，雄伟的太行山在晨光的辉映下，显得那样清新、碧嫩、娇媚而又充满生机。故有“泰山日出观不得，板山日出最为奇”之说。

板山晨曦

老山： 果然是实践出真知，这写作功夫赶得上《海上日出》了。

（小西不好意思地笑了笑，然后又拿起相机拍起照来，东瞅瞅，西看看，玩得不亦乐乎。）

小西： 爷爷，早上还是晴空万里，这会儿好像要下雨了，好在我准备充分，雨具都有。

老山： 要是真下雨了，咱们可是幸运得很，板山的第二大奇观就是云海，云海在雨后观看最好啦。板山的云海可不一般，持续时间长，云层还很厚，山上云雾缥缈宛如仙境，而山下晴空万里，山上山下形成截然不同的天气现象。

小西： 是这样啊，我还担心下雨影响咱们观景呢，现在看来得坐等雨来，我赶快去拜一拜龙王爷。

老山： 哈哈，趁着等雨来的时间，咱们跟随无人机的镜头看看板山的另一大奇观——板山红叶。看板山红叶得远观和近看相结合，近看透过红叶看山峰，远观层林尽染红遍山。秋天的板山有“不是香山，胜似香山”之美誉。

小西： 真是大自然中有宝藏，爷爷，您看这棵树上的野果子，可以吃吗？

板山冬景

老山： 当然可以，除了欣赏红叶之外，今天咱们还可以大饱口福，那就是吃野果。黄澄澄的野沙棘，红艳艳的野山楂……

小西： 说到吃我最在行，今天可以大饱口福了。

（过了一会儿。）

老山： 今天的雨是等不来了，天黑以后，山路就不好走了，咱们准备下山吧？

小西： 这么美的风景，难怪吸引了那么多画家还有摄影爱好者。我还没有看够呢，我要在山上等云海。

老山： 能看到板山的两大奇观已经很幸运了，有机会咱们再来。

老山指津

“太行雄姿”“太行日出”“太行云海”和“太行秋色”，从不同角度展示了板山风光的绚丽多姿。板山日出最佳观赏时间为夏秋晴日，黎明时分；板山云海最美是在夏秋季节雨后放晴；板山红叶最佳观赏时间是每年10月中旬到11月中旬。

红色记忆

老山： 2019年国庆阅兵方队中有一个战旗方队，黄崖洞保卫战英雄团战旗位列其中。

小西： 那他们一定是立下了赫赫战功。

老山： 一面旗帜，记录着一段光辉历史。咱们今天去瞻仰黎城黄崖洞兵工厂革命遗址。

小西： 爷爷，我们到黄崖洞了，怎么没有看到您说的兵工厂啊？

老山： 一眼看到的话那不是很快就暴露在敌军眼皮子底下了？当时兵工厂选择建在这里可是经过一番考察的。这个兵工厂的建立，是八路军副总参谋长左权的主意，他深入太行山一带，几经斟酌选择了地理位置优越的板山天然石洞——黄崖洞。

小贴士

战旗是荣誉的象征、胜利的标志、精神的绽放。2019年10月1日，在庆祝中华人民共和国成立70周年的阅兵方阵中，中央军委政治工作部从全军五大战区、各军兵种和武警部队中遴选出100面荣誉战旗组成战旗方队，首次亮相国庆阅兵场，接受党和人民的检阅。

黎城板山

小西： 不愧是军事家，洞口隐蔽，进入洞内却十分宽敞，可容纳多种生产设备和很多工人。当时兵工厂生产的武器装备都有些什么？

老山： 黄崖洞兵工厂研发出我军第一种制式步枪——“八一式”马步枪、第一种自产“掷弹筒”等。从1939年至1945年短短的6年间，黄崖洞兵工厂累计生产手榴弹58万枚、迫击炮2500门、炮弹26万多发、“八一式”马步枪1万多支，有力地支援了抗战前线。

小西： 黄崖洞兵工厂的生产力很强呀，在那么艰苦的环境下生产出这么多武器。

老山： 黄崖洞兵工厂被朱德誉为“八路军的掌上明珠”。抗战时期，为保卫黄崖洞兵工厂的安全，八路军在武乡境内的北山、南山等山上构筑了各种防卫工事72处。

小西： 我在电视上观看过黄崖洞保卫战，激战八天八夜，八路军凭借坚固的防御，奋力反抗，夺取了最后的胜利，大快人心。

老山指津

黄崖洞兵工厂是抗日战争时期华北敌后最早、规模最大的兵工厂，被誉为“人民军工摇篮”。不仅为抗日战争制造了大量武器，还成就了一大批国家工业建设人才，为抗日战争和社会主义建设做出了卓越的贡献。1941年黄崖洞兵工厂保卫战，我军以千余人的兵力，鏖战8个日夜，击退了日军的猛烈进攻，取得了最终的胜利。战后，八路军总部授予特务团“黄崖洞保卫战英雄团”光荣称号。

拆盲盒吧——太多惊喜了

盲盒一：左权将军与左权县有何关联？

左权曾任八路军副总参谋长，他是八路军抗战时牺牲的最高将领。毛主席曾经这样称赞左权，称他“两杆子”都硬。所谓“两杆子”，一是指笔杆子，一是指枪杆子，等于说左权文武双全。1942年5月25日，日寇对太行根据地进行大“扫荡”，左权在山西省辽县麻田指挥部队掩护中共中央北方局和八路军总部等机关突围转移时，不幸在战斗中牺牲，年仅37岁。为了永远纪念这位伟大的英雄，1942年9月，晋冀鲁豫边区政府批准辽县更名为左权县。

麻田八路军总部纪念馆

盲盒二：“八一式”马步枪是怎样来的？

抗日战争初期，八路军武器弹药十分匮乏，所用的武器五花八门，规格、性能各不相同，极大地影响了部队的战斗力。更主要的是，当时八路军使用的多数步枪不适合游击作战。

制造符合我军军情、采用统一标准生产的枪支成为亟待解决的问题。

八路军总部黄崖洞兵工厂的刘贵福等技术工人，从黄崖洞兵工厂的技术、设备、物资条件出发，立足于符合八路军游击作战的需求，汲取了马枪和步枪的优点，攻克技术难关，“八一式”马步枪横空出世。

此枪全长117厘米，比一般步枪短10到20厘米，口径为7.9毫米，枪重3.36千克，最佳射程200米，射击精确度高，且后坐力小，还配置了可调节式瞄准器和可收放的刺刀，扁平三棱凹槽状的造型，不会有明显的刀面反光，利于隐蔽且杀伤力极大。由于第一批报送至八路军总部时，刚好为1940年8月1日，总部首长就将其命名为“八一式”马步枪。

展示吧——收获真不少

老山： 这次板山之行，你的收获一定很大吧？欣赏了大自然的鬼斧神工，触摸了雄伟山峦的历史脉络。现在该给大家分享一下了。

小西： 说到板山的魅力，我想起两个词，“绿色”和“红色”。绿色是其外在美，红色是其内在美，两者都美。我想选择印象最深刻的给大家讲一讲。

- 绿色板山的自然风光
- 红色板山的革命遗迹

板山的绿记录在我的镜头里，看在我的眼里；板山的红色文化记载在我的笔触里，印刻在我的心里。我要握好手中的接力棒，做社会主义接班人。

扫码获取
听·晋地风华
观·溯源影像
阅·系列好书

杏花村汾酒醉天下

山西杏花村汾酒： 中国白酒鼻祖，中华酒文化的源头，清香型白酒的最佳代表。唐代大诗人杜牧的名句“借问酒家何处有，牧童遥指杏花村”，让杏花村汾酒家喻户晓，名贯古今。

穿越吧——我们去哪儿

小西：爷爷，这学期测评我又获得了“班级智慧之星”的称号，咱是不是应该庆祝一下？

老山：呦！这要是在科举时期，你有成为小状元的潜质。

小西：嘿嘿……

老山：我再考考你，知道历朝历代如何庆祝“金榜题名”吗？

小西：爷爷，您又给我出难题。

老山：盛典必有盛宴，古时候为了庆祝中榜，同时拜谢主考官的拔擢之恩，会设“科举四宴”——鹿鸣宴、琼林宴、鹰扬宴、会武宴，那么问题来了，那个时候宴会喝的是什么酒呢？

小西：是……

老山：不要着急回答，我先带你去个地方。那里是中国著名的酒乡，也是中国八大名酒之一——汾酒的产地，早在1500多年前的南北朝时期，那里的酒就已闻名国内。“借问酒家何处有……”

小西：“牧童遥指杏花村”，我们要去杏花村。

老山：杏花村汾酒享誉全国，被誉为“中国酒魂”，是国酒之源，清香之祖。它是一种历史、一种传承、一种坚守，也是一种精神。据考证，汾酒在古时候也备受欢迎，经常被选为宴酒。汾酒与文学也有着深厚的历史渊源，文人志士途经此地往往闻香下马、知味停车，千古名句也频频而来。

小西：爷爷，别唠叨了，赶紧出发吧。

文化名片

杏花村，位于山西省汾阳市，是汾河之滨的一颗璀璨明珠。古井、古坊、古工艺，每一处都诉说着汾酒悠久的历史和深厚的文化底蕴。产自这里的酒，皆称“汾酒”。汾酒以清澈透明、绵甜爽净的特质而闻名于世，成为中国酒文化的一个代表。

如今，汾阳杏花村已经成为一个集酿酒、旅游、文化交流于一体的现代化酒城。游客在这里不仅可以品尝到正宗的汾酒，还可以参观各种与汾酒相关的历史遗迹和文化景点。此外，当地的民俗文化和传统手工艺也是不可错过的亮点。

挑战吧——我们来了

杏花村汾酒醉天下

- 了解汾酒，我最全
- 创意策划，我在行
- 宣传使者，我最行

探寻之旅

了解汾酒，我最全

汾酒发展历程

老山： 展开历史画卷，中华五千年长河中群星闪耀，而有着6000年未间断酿造史的汾酒就是其中闪亮的一颗。

小西： 哇，杏花村汾酒数千年之后魅力依旧，我为汾酒骄傲，我为山西自豪。我要好好宣传咱们山西的汾酒文化，让杏花村汾酒香醉天下，代代相传！

老山： 要想让更多的人了解杏花村汾酒，更好地传承汾酒文化，前期资料收集和整理是必不可少的，只有准备充分，后期宣传和介绍才能心中有数。

小西： 爷爷，通过查阅资料，我制作了一张“汾酒名片”，您看看。

名称： 汾酒

产地： 山西省汾阳市杏花村

口味： 清香纯正、醇甜柔和、自然谐调、余味爽净，即：“清、正、甜、净、长”。其香型主体乙酸乙酯与乳酸乙酯搭配谐调，酯香匀称，口感无杂味，入口绵，落口甜，饮后余香，回味悠长。

发展历程： 杏花遗址觅酒源；武成帝荐饮汾清，北齐成名；唐代酿造工艺取得突破，雄踞白酒祖庭；明清辉煌，远近闻名；1915年巴拿马赛会上一举夺魁。

酿造工艺： 一磨、二润、三蒸、四酵、五馏、六陈。2006年，杏花村汾酒酿制技艺被认定为国家级非物质文化遗产。

老山： 真不错，查阅资料是帮助我们了解世界的一个重要方式。汾酒的酿造史可以追溯到6000年前的仰韶文化时期，而其成名史则可以追溯到1500年前的北齐时期。汾酒的蒸馏酒史、诗酒史可以追溯到唐朝时期。此外，汾酒还有300年的品牌史和148年的企业史。因此，可以说汾酒是中国酒类品牌中历史最悠久的品牌之一。

小西： 爷爷，汾酒真是个“老寿星”！

老山： 是啊，从中国最早的酿酒器具——小口尖底瓮，到首批国家非物质文化遗产——杏花村汾酒酿制技艺，一杯杏花村，清香浸透着华夏文明史。

小贴士

距今6000年前，汾阳的先民就开始造酒；距今2000年前，汾阳酿酒技术已经比较成熟；南北朝时，汾酒进入宫廷，皇帝为之倾倒；唐朝时酒名更甚，“河东乾和”天下闻名，吸引杜牧慕名探访；宋朝的汾州“甘露堂”、明朝的“羊羔”是汾酒不同时期的前身，且都为一时佳酿；到了清朝，终于有了汾酒之名，并成为蒸馏酒的代表。

诗词曲赋中的汾酒文化

老山： 小西，你知道吗？自古诗酒不分家，诗中有酒，酒兴赋诗，在中华几千年的历史长河中，除了杜牧的《清明》，还流传着许多脍炙人口的名篇佳作。

小西： 我听说还有戏曲呢！

老山： 没错，比如现代晋剧《杏花酒翁》，京剧《小放牛》，还有眉户戏《酒醉杏花村》等。

小西： 酒香不怕巷子深，作为山西人，我要好好传承和发展汾酒文化。

小贴士

八十昂藏一老翁，得钱长是醉春风。杏花村酒家家好，莫向桥边问牧童。

——宋·何应龙《老翁》

问谁家有酒，见青帘高挂，高挂在杨柳岸杏花村。

——元·爱山《小桃红·消遣》

共买杏花村里酒，来听桃叶渡头歌。

——明·金大舆《白下春游曲七首》

汾酒与粮食

创意策划，我在行

老山： 小西，仔细观察小口尖底瓮的器具与“酉”字以及甲骨文“酒”字，其实，文字与酿酒器具之间有很大的关系。小口尖底瓮不仅仅是杏花村酿酒历史的一个参与者，更是中国白酒酿造历史的一个奠基者。

小西： 原来“酒”字是这样来的！

老山： 不仅如此，汾酒之所以成为“中国酒魂”，是因为汾酒蕴含着“精研、本真、传承”的匠人精神。继承和弘扬汾酒匠人精神，是一代又一代汾酒人的永恒使命。

小口尖底瓮与文字

小西： 爷爷，汾酒工业园里还有十尊雕像，分别是高湛、杜牧、傅山、曹树谷、杨得龄、方心芳、秦含章、秦斌、常贵明、赵迎路，他们是干什么的？为什么在这里？

老山： 他们有一个共同的名字——汾酒十贤。在汾酒发展史上，他们扮演着极其重要的角色，是他们造就了“四最”汾酒——最干净、最纯正、最健康、最文化，让汾酒历经千年依然清香四溢。

小西： 他们就是“十贤”啊，有皇帝、诗人、酒界泰斗、酒界宗师……

老山： 没错，他们让汾酒千百年经久不衰，而今天的我们要做的就是传承和弘扬好中华酒文化，让中华酒文化走向世界。

当然，好酒需好器，酒与酒器向来密不可分。酿酒需酒器，6000年前的小口尖底瓮就是人类智慧的体现。喝酒需要酒器，今天人们讲究“喝什么酒，便用什么酒具”，酒具的选择与使用也是对酒文化的弘扬。

唐代黑釉双系短流壶意境图

西周酒器晋侯鸟尊（仿）意境图

小西： 爷爷，您这是要设计“酒具”？太难了吧……

老山： 那我们就想象一下酒杯的样子，不妨画一画蕴含汾酒文化的酒杯样式。

小贴士

酒杯样式不仅要精美，更重要的是要体现汾酒文化，有中国传统元素。

老山指津

可以考虑在酒杯的设计中融入山西汾酒的特色和故事，让人们在品尝美酒的同时，也能感受山西汾酒的独特魅力和中国酒文化的深厚底蕴。设计时也要考虑酒杯的实用性和美感，让它在日常使用中成为一道亮丽的风景线。

要用心设计，注重细节，体现出山西汾酒和中国酒文化的完美结合，争取引起更多人的关注和喜爱，让山西汾酒和中国酒文化走向世界。

宣传使者，我最行

小西： 杏花村汾酒是我们的骄傲，它有着悠久的历史和独特的味道，满载着人类的智慧。它也像一个魔法瓶子，装满了故事。我们要努力传承这份延续千年的美好。爷爷，您觉得我该怎么宣传呢？

老山： 想做好宣传，我可以帮你拍一组视频，发布在视频交流平台上，让更多的人看到。宣传的内容可以是全方位的，也可以选你最感兴趣的一点具体介绍，比如借助我们刚才设计的“酒杯”，把它的设计过程讲给大家听。当然，介绍形式不限，图文并茂、配以音乐等方式会锦上添花。比如，可以参考下面的样式：

传承人眼中的“汾酒文化”

我从事汾酒研究工作已经20余年，汾酒作为清香型白酒的典型代表，又被称为“清香之祖”。从1915年获得巴拿马万国博览会甲等大奖到开国国宴用酒，汾酒始终以卓越品质引领世界清香型白酒的发展。汾酒是“国酒之源”“清香之祖”“文化之根”，也是“中国酒魂”。今天，我们要做的就是传承和弘扬好中华酒文化，让中华酒文化走向世界，让清香的品味绽放世界！

汾酒

拆盲盒吧——太多惊喜了

盲盒一：杜牧眼中的“清明”是怎样的景象？

清明时节，万物复苏。杜牧独自漫步在乡间小路上，感受着春天的气息。他身着一袭青衣，头戴斗笠，脚踏青鞋，背着一个布包，里面装着笔墨纸砚。

他感受着春天的气息，不禁思念起自己的家乡和亲人。他想起了小时候和家人在清明节一起扫墓、踏青的情景，心中涌起一股淡淡的哀愁。

就在这时，一位牧童骑着牛从前面走来。他头戴一顶草帽，手里拿着一根鞭子，驱赶着牛儿前行。看到杜牧，牧童好奇地打量了一番，然后微笑着打了个招呼。

杜牧看到牧童天真无邪的笑容，心中不禁涌起一股温暖。他向牧童询问了附近是否有酒家，想要借酒消愁。牧童指了指前方的杏花村，告诉他那里的酒馆酒香四溢，有很多百姓慕名前往。

在酒香和美景的熏陶下，杜牧的心情渐渐变得愉悦起来。他开始构思起自己的诗篇，回忆着刚才遇到的牧童和那美丽的乡间小路，心中涌现出许多灵感，于是他提笔，蘸了蘸墨水，开始在纸上挥洒……

盲盒二：汾酒是因为清香而获得大奖的吗？

1915年，美国旧金山市的巴拿马太平洋万国博览会可谓举世瞩目，汇聚了31个参展国、20多万件展品，吸引了超过1800万人的目光。在这场盛况空前的博览会上，中国白酒首次亮相，却受到冷遇。原来，这些白酒被装在褐色陶罐里，静静地躺在农业馆的角落，无人问津。

就在人们几乎要遗忘这些白酒之际，命运却为它们安排了一次意外的转机。有人提议将酒类展品移至食品馆，但在移动的过程中，一罐白酒不慎摔落，浓郁酒香弥漫开来。这突如其来的香气，像一股魔力，吸引了无数观众的目光。

其中，有一位观众格外引人注目，那便是美国前总统罗斯福。他被这香气深深吸引，驻足不前。参展人员见状，急忙上前拧开瓶盖，想让这位特殊的观众尝尝中国的汾酒。瓶盖刚一松动，一股清香便飘溢而出，令人陶醉。罗斯福连连赞叹：“好酒！好酒！”

最后，经过评选，汾酒荣获巴拿马万国博览会甲等大奖。

义泉泳酒坊与巴拿马奖章

盲盒三：为什么说天下白酒皆姓“汾”？

汾酒，被誉为中国白酒的始祖，被称为“国酒之源”。在历史的长河中，它始终占据着白酒领域的显赫地位，是中国酿酒史上熠熠生辉的璀璨明珠。千百年的岁月流转，山西的汾酒与陕西的西凤酒、贵州的酱香型白酒等形成了深厚的文化联系。

明清时期，随着晋商的崛起，汾酒迅速传遍中华大地。在陕西，酿酒技艺不断革新，发酵容器由陶缸演变为泥窖，孕育出了独具特色的陕西凤香型白酒。明弘治年间，盐法改革的风潮席卷而来，山西的大盐商们纷纷迁徙，一部分迁至繁华的扬州，另一部分则远赴四川。这一迁徙不仅促进了商贸的繁荣，更使得清香型白酒的酿造技艺得以传承和发展，衍生出了江淮派和川派浓香型白酒两大流派。

清咸丰年间，山陕商人在贵州茅台镇扎根立业，他们特邀山西酒师前来，仿照汾酒和西凤酒的酿造方式酿酒。同时，他们又汲取了南方小曲酒的精髓，结合当地的环境气候和高粱生长特点，创造出一套别具一格的酿酒工艺，最终酿制出了酱香型白酒。

展示吧——收获真不少

老山： 小西，一段旅程就要结束了，谈谈你的收获吧，可以选择下面一种方式做展示。

- 根据杏花村汾酒历史，讲讲它的故事。
- 展示你设计的杏花村汾酒“酒杯”。
- 在家人的帮助下，为杏花村汾酒拍摄一段宣传视频。

小西： 我要设计一面美美的“照片墙”，把这次旅行拍的照片做一个展示，让杏花村汾酒被更多人关注。